달구벌 벽사진경 당정마을 지신밟기

달구벌 벽사진경
당정마을 지신밟기

발 행 | 2018년 11월 28일

지은이 | 권태룡
　　　　한국아이국악협회
펴낸이 | 신중현
펴낸곳 | 도서출판 학이사
　　　　출판등록 : 제25100-2005-28호
　　　　주소 : 대구광역시 달서구 문화회관11안길 22-1(장동)
　　　　전화 : (053) 554~3431, 3432
　　　　팩스 : (053) 554~3433
　　　　홈페이지 : http : // www.학이사.kr
　　　　이메일 : hes3431@naver.com

ISBN _ 979-11-5854-160-6　03090

대구문화재단

본 도서는 '2018 대구문화재단 학술·발간사업' 일부를 지원받아 출간되었습니다.

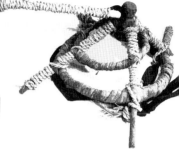

달구벌 벽사진경
당정마을 지신밟기

권태룡 엮음

學而思 | 학이사

대구 팔공산 서촌 자락에 당정이라는 마을이 있다. 당정마을
은 팔공산(八公山) 기슭의 산림과 아래쪽의 넓은 평야를 끼고
있는 비옥한 땅에 대대로 논농사와 밭농사로 생업을 이어온
마을이다. 이 마을사람들은 예로부터 음력 정초가 되면 땅의
신(神)을 위로하는 벽사진경(辟邪進慶)을 펼치는데, 바로 요사
스런 귀신(鬼神)을 물리치고 경사스런 기운을 불러들이는 의
식(儀式)의 하나인 '당정마을 지신밟기'이다.

'당정마을 지신밟기'는 온 마을 사람들이 지신밟기패들을
앞세우고 마을 곳곳을 두루 돌아가며 풍물(風物)을 크게 울려
마을의 안녕(安寧)과 풍작(豊作)을 기원(祈願)하고, 집집마다
주둔해 있는 가신(家神)을 위로하여 각각의 가정에 다복(多福)

을 축원(祝願)하는, 풍물(風物)과 소리로 한바탕 어우러지는 대동의식(大同儀式)이며, 대동놀이이기도 하다. 이러한 의식(儀式)을 깊이 들여다보면 마을이라는 공동체만이 아니라 마을 사람들 개개인의 간절한 소망(所望)과 더불어 농업을 위주로 살아가는 사람들의 본바탕인 땅에 대한 경외심(敬畏心)이 고스란히 담겨있음을 볼 수 있다.

'당정마을 지신밟기'는 이러한 무형적인 행위를 통한 이 마을 사람들의 삶의 소리이고 놀이이다. 또한 우리민족의 정서(情緒)를 잘 함축하고 있는 하나의 예술이며, 지켜야 할 소중한 문화유산(文化遺産)이기도 하다.

필자는 지난해 잊혀져가는 지역의 문화유산인 『팔공산 메나리 공산농요와 서촌상여』를 단행본으로 출간한 바 있다. 이어 두 번째로 팔공산을 중심으로 널리 행해졌던 '당정마을 지신밟기'를 기록하고 보존하고자 한다.

이번 작업은 1994년부터 2018년 현재까지 '당정마을 지신밟기'를 가까이서 직접 경험했던 이야기와 노래 등을 담았으며, 더불어 그 기간 동안 함께 녹음해온 소리를 토대로 채보작업을 완성하였다. 또한 부족한 부분은 '당정마을 지신밟기'의 마지막 상쇠인 송문창 선생의 구술증언과 기타 보충 증언, 현지 답사와 여러 문헌들을 참고하여 완성하게 되었다.

아무쪼록 이 자료가 팔공산 지역을 배경으로 생성된 『달구벌 벽사진경 당정마을 지신밟기』에 대한 이해를 깊이하고, 나아가서 우리 민족음악을 연구하는데 소중한 자료로 활용되어지기를 기대한다. 아울러 책이 나오기까지 고증에 힘써주신 송문창 선생님과 악보 채보에 도움을 주신 서정미, 김수정 선생에게 깊은 감사의 말씀을 드린다.

2018년 가을 권태룡 씀

| 차례 |

들어가는 말

Ⅰ. 당정마을 지신밟기 개관(槪觀)

1. 개설(槪說)

'당정마을 지신밟기'는 정월 초삼일부터 대보름 사이에 풍물패가 조직이 되고 '대동회의(大同會議)'[1], '당(堂) 내림'[2], '금토(禁土) 깔기'[3], '당샘 금(禁)줄치기'[4], '당제(堂祭, 당산제, 堂山祭)'[5] 등을 실시한 후, 본격적인 '지신밟기'[6]는 대보름날부터 5일정도 가가호호(家家戶戶)를 방문하면서 치러진다. 보통 꽹과리, 징, 북, 장구 등의 민속악기(民俗樂器)로 구성된 풍물(風物)을 앞세우고, 벅구, 양반, 각시, 포수 등의 잡색(雜色, 배역)[7]이 뒤따르게 되는데, 마

---

1) 당제(堂祭) 준비와 마을의 대소사에 대해 논의하는 마을 주민 회의.
2) 당 내림(신을 받는 행위)을 통해 제관을 선출한다.
3) 잡귀나 깨끗하지 못한 사람이 들어오는 것을 금하는 의미로, 제관의 집이나 당제 제당 입구 등에 뿌리는 황토를 뜻한다. 당제(堂祭)를 지내기 전에 제의 장소 주변에도 행한다.
4) 외부인의 출입을 금하는 풍속이다. 금기줄(禁忌繩)·인줄(人繩)·태삭(胎索) 등이라고도 하며 금줄을 칠 때는 일반적인 오른새끼가 아니라 왼쪽으로 꼬는 왼새끼를 사용하는데, 이는 인간이 일상적으로 사용하는 방향이 아닌, 신성한 방향과 영역임을 나타낸다.
5) 마을의 수호·안녕·풍요를 위해 마을 사람들이 공동으로 정성을 모아 모시는 마을 제사. 당마제·당고사·당산제 등으로도 불린다.
6) 정월 대보름날 등에 지신(地神)을 달래고 복을 비는 민속놀이.
7) 놀이의 흥을 돋우기 위해 등장하는 벅구·포수·각시·양반 등을 일컫는다.

을 사람들 각각의 집을 방문하여 '지신밟기' 소리를 하고 춤과 익살로 놀이판을 벌인다. 그러면 집주인은 음식이나 곡식 등으로 이들을 대접(待接)[8]한다.

　벽사진경(辟邪進慶)[9]을 목적으로 하는 신앙적(信仰的) 마을행사로, 가신(家神)[10]을 위로하고 액(厄)을 물리치기 위해 행해지는 놀이로, 집터를 지켜 준다는 지신(地神)[11]에게 고사(告祀)[12]를 올리고 풍물(風物)을 울리며 축복(祝福)을 비는 세시풍속(歲時風俗)[13]이다. 지방에 따라서 '지신밟기'를 '걸립(乞粒)', '걸궁', '고사반', '고사풀이', '매구(埋鬼)', '매귀', '매귀굿', '집돌이', '돌돌이', '계면돌이', '대동돌이', '마당밟기', '마당씻이', '마당딱개', '대동굿' 등이라고도 한다.

　'당정마을 지신밟기'는 땅을 밟으면서 잡신(雜神)을 쫓고 복을 부르는 내용의 덕담(德談)[14]과 노래로 하는 의례(儀禮)[15], 각각의

---

8) '마땅한 예로써 대한다.'는 의미의 우리말이다. 지신밟기 속의 사람에 대한 예는 표면적인 의미의 접대(接待)를 넘어 사람에 대한 도리, 타자에 대한 정(情)과 덕(德)이라는 깊은 성품을 근본으로 한다는 것을 알 수 있다. 또한 대접의 대상이 단지 인간에게 국한되지 않고 신(神)과 만물(萬物) 전체로 그 의미가 닿아 있는 광의의 의미로서의 대접이라고 할 수 있다.
9) 사악한 것을 쫓고 (요사스런 귀신을 물리치고) 경사스러운 일을 끌어들임.
10) 집을 지키며 집안의 운수를 좌우하는 신.
11) 땅을 맡아 다스린다는 신.
12) 계획하는 일이나 집안이 잘 되게 해 달라고 음식 등을 차려놓고 신령에게 제사를 지냄.
13) 옛날부터 전해 오는 관습으로 계절에 맞추어 행해지는 고유의 행사와 풍습. 주기전승의례(週期傳承儀禮).
14) 상대방이 잘되기를 빌어 주는 말.
15) 어떤 행사를 치르는 법식이나 정해진 방식에 따라 치르는 행사.

신을 위로(慰勞)하려는 뜻으로 하는 풍물(風物)[16]로 구성되어 있다. 보통 마을에서 운영되는 풍물패가 주축이 되어 집집마다 돌면서 지신(地神)을 달래며, 한 해를 무사하게 보낼 수 있기를 기원하는 집터 닦기 행위이다. 그 의미는 마을과 주민 각각의 집 지신(地神)을 밟아서 진정(鎭靜)시키고 잡귀(雜鬼)를 쫓아서 연중(年中) 무사(無事)와 만복(萬福)이 깃들기를 비는 데 있다. 이에 농기(農旗)[17]를 앞세우고 풍물(風物), 잡색(雜色), 주민이 무리를 지어 집집마다 돌아가면서 진행된다. 집안의 가신(家神)에게 한바탕 신명나게 풍물(風物)로 고하고 지신(地神)을 밟아 주며, 잡귀(雜鬼), 잡신(雜神)을 몰아내고 무병(無病)과 태평(太平)하기를 축원하는 세시(歲時) 의례(儀禮)이다.

1970년대 이전까지만 해도 마을 단위의 자연 발생적인 풍물패가 있어 정월 대보름날 '당정마을 지신밟기'가 성행했는데 새마을 운동기를 거치면서 현재는 자취를 감추었고, 기독교의 전파와 농촌 공동화(共同化) 현상이 급속히 진행되면서부터는 마을 단위로 거행되던 '당정마을 지신밟기'의 전통도 대부분 중단되고 말았다. 또한 '당정마을 지신밟기'를 이끌어 갈 만큼 출중한 기예를 지닌 풍물꾼들이나 소리꾼도 현재 '당정마을'에서는 찾아보기 힘들다.

16) 풍악(風樂)에 쓰이는 기물(器物). 풍물의 '풍(風)'에는 '풍류(風流)'·'풍장'에서와 같이 음악이라는 뜻이 있다. 따라서 풍물은 음악 하는 물건, 즉 꽹과리·징·장구·북을 가리키는 것이 보통이다.
17) 한 마을을 대표하고 상징하는 기(旗). 농산기·대기(大旗)·서낭기·용기(龍旗) 등으로도 불리며, 풍년을 빌기 위하여 동제를 지내거나 두레 때 마을의 상징으로 농기를 세워둔다.

2. 연원(淵源)과 유래(由來) 및 배경(背景)

'당정마을 지신밟기'는 상당히 오래 전부터 관행(慣行)이 되어 온듯하나 그 연원(淵源)[18]을 문헌(文獻) 기록(記錄)으로 확인하기는 쉽지 않다. 그러나 섣달 그믐날 궁중에서 한 해 동안의 복을 빌고 잡귀를 쫓아내는 새해 행사로서 나례의식(儺禮儀式)[19]을 하던 것과 유사함을 찾을 수 있었고, 이러한 것들이 민간에서도 집집마다 돌아다니며 잡귀(雜鬼)를 쫓아내던 놀이로 발전한 것이 아니었는지 추측해 볼 수 있겠다.

또한 『삼국지위지동이전』[20]을 통해서 고대 제천의식(祭天儀式)[21]에서 사람들이 무리지어 춤추고 노래 부르며 노는 데서 연유(緣由)하지 않았을까 하는 추측도 가능하다. 『삼국지위지동이전』 '부여조(夫餘條)'의 "음력 정월에 제천 의식을 거행하고, 국중(國中) 인민이 모여 연일 음주가무(飮酒歌舞)하는데, 그것을 영고(迎鼓)[22]라 했

---

18) 사물이나 일 따위의 근원.
19) 구나(驅儺)·대나(大儺)·나희(儺戲)라고도 한다. 모든 재앙과 병마의 근원인 잡귀를 쫓아내고 새해의 복을 맞으려는 의식이었다. 궁중에서는 '섣달 그믐날'이 다가오면 궁중 안팎을 깨끗이 치우고 그믐에 나례를 행했다.
20) 진수가 편찬한 『삼국지』의 '위지'는 총 30권에서 「동이전」은 마지막 권 30에 실려 있다. 우리 고대 종족들의 생활상과 풍속을 포함하여 여러 가지 사실을 비교적 상세히 전한다는 점에서 고대사 연구에 중요한 문헌으로 이용된다. 부여의 영고, 고구려의 동맹, 예의 무천, 삼한의 5월제와 10월제 등 농경의례의 모습과 함께 정치조직의 발전 정도를 알 수 있는 것도 이 책을 통해서이다.
21) 하늘을 숭배하고 제사하는 의식. 대부분 농업지역에서 행해지며, 씨를 뿌린 뒤 농사의 풍요를 하늘에 기원하고 곡식을 거둔 뒤 하늘에 감사하는 의식이다.
22) 공동체의 집단적인 농경의례의 하나로서 풍성한 수확제·추수감사제 성격을 지니는 부여시대의 제천의식.

다."거나, '고구려조'의 "백성이 즐겁게 노래와 춤을 즐기고, 나라 안의 모든 촌락에서는 날이 저물자 남녀가 무리로 모여서 서로 노래하고 희롱했다. 그것을 동맹(東盟)[23]이라 했다." 등이 그것이다.

성현(成俔, 1439~1504)의 『용재총화(慵齋叢話)』[24] 권2에는, 형식(形式)과 연희(演戲) 시기가 다소 다르지만 민간에서 잡귀(雜鬼)를 쫓아내고 복을 부르는 의례(儀禮)를 행했다는 기록이 있다. 지금의 '당정마을 지신밟기'와 똑같지는 않지만 공동체 제사 의례(儀禮)의 연원(淵源)이 상당히 오래되었음을 이 기록을 통해 확인할 수 있다. 한편 1930년대의 세시풍속(歲時風俗)을 기록한 오청(吳晴)의 『조선의 연중행사』[25]에는 '지신밟기'에 대한 기록이 나오는데. "매년 같은 시기에 지신(地神)을 맞이하여 재앙을 물리치고 축복을 받으려는 신앙을 바탕으로 성립되었다."라고 되어 있다.

예로부터 '당정마을'에서는 '지신밟기'를 주로 정초에 행하였으며, 꽹과리, 징, 북, 장구 등으로 구성된 풍물(風物)과 각각의 신분을 가장한 잡색(雜色)으로 구성되었다. 그리고 지신(地神)을 진정(鎭靜)시키고 잡귀(雜鬼)를 물리치기 위하여 풍물(風物) 장단과 함

---

23) 고구려에서 10월에 행하던 제천의식.
24) 분량은 많지 않으나 기록한 내용이 다양하므로 '총화'라는 제목을 붙였다. 고려 때부터 조선 성종에 이르기 까지 민속이나 문학에 대한 논의가 많은 비중을 차지하고 있다. 그밖에 역사·지리·종교·학문·음악·서화·문물제도 등을 다루고 있어 당시 각 분야의 상황을 이해하는 데 많은 도움을 준다.
25) 1933년 조선총독부에서 발간. 막대한 자금과 인력을 동원해 조선·대만·만주 등의 역사 제도 관습 등에 대한 조사 작업을 당시 광범위하게 전개하였는데, 이 책은 그런 책 중의 하나이다.

께 각각 집 안의 장소에 어울리는 소원(所願)을 담은 소리를 한다. '지신밟기'에서 지신(地神)은 집 마당의 터주신(神)[26]으로 무속 신 앙에서는 지신굿 거리가 있으며, 가택신앙(家宅信仰)[27]과 연관된 '지신밟기'에서는 터주를 관장하는 지신(地神)으로 간주하기도 하고, 또 인간에게 해를 입히는 잡신(雜神)[28]으로 간주하기도 한다. 이런 맥락으로 볼 때 '당정마을 지신밟기'의 연원(淵源)은 고대의 토착 신앙에서 비롯된 것으로 볼 수 있다고 하겠다.

'당정마을'[29]은 '팔공산(八公山)'에 자리 잡은 동네로 마을 초입 에 금강사와 당정골이 위치하고, 마을 북쪽으로 골안못, 남쪽으로 는 당정지가 있으며, 마을 북동쪽으로 파계사가 자리하고 있다. 이 지역은 '팔공산(八公山)' 기슭의 산림지역과 아래쪽의 넓은 평야지 역을 끼고 있어 비옥한 땅에 예로부터 논농사와 밭농사를 생업으로

송정동 석불입상(松亭洞 石佛立像)

하였다. 임진왜란 때 왜 란을 진압하고 귀국하 던 명나라 장수 이여송 이 '팔공산(八公山)' 산 세를 보고 조선 땅에 큰 인물이 날 것을 염려하 여 맥을 끊은 자리에 미

---

26) 집터를 지켜주는 가신(家神).
27) 집안의 여러 곳에 신이 지키고 있어 집안을 보살펴 주는 것이라고 믿고, 가택 신에 게 정기적으로 의례를 올리는 것이다.
28) 온갖 잡스러운 귀신.
29) 당정마을의 당(棠)자는 '팥배나무' 란 뜻을 갖고 있다.

록불이 솟았다고 전해지는 지역으로 지금도 높이 245cm, 폭 약 80cm의 화강암으로 된 송정동 석불입상(松亭洞 石佛立像)[30]이 현존하고 있다.

또한 '당정마을'은 17세기 중엽 경주 이씨, 여산 송씨, 달성 서씨, 진주 강씨[31]가 들어와 살면서 마을을 일궜는데 특히 최근 마을 초입에 조성된 석축은 마을 중심부를 흐르는 계곡을 가로질러 자그마한 성처럼 조성하여 하단에 암문(巖門)처럼 수구(水口)를 뚫어 놓았다. 이는 예전 이 마을에 자손이 귀하여, 음기가 빠져나가지 않도록 풍수지리학적 비보(裨補)수단으로 축대(築臺)를 쌓은 것이라 한다.

'당정마을'의 현재 동명(洞名)은 송정동(松亭洞)에 해당된다. '당정마을'이란 명칭은 현재는 거의 찾아보기 힘들며, 큰 대로변에 '당정마을 버스 정류장'이란 작은 푯말이 예전에 마을 이름으로 사용되었음을 짐작케 해준다. 또한 큰 대로변을 사이에 두고 아래쪽엔 덕곡(德谷)[32]이, 위쪽엔 당정이 있다.

---

30) 대구광역시 유형문화재 제22호. 대구광역시 동구 송정동 363번지에 있는 통일신라시대의 불상. 불상이 자리한 산 주변 일대는 절이 있었던 곳으로 추정되나 현재 전각은 하나도 없다. 이 불상은 거대한 판상(板狀, 널빤지처럼 생긴 모양)의 화강암에 고부조(高浮彫, 모양이나 형상을 나타낸 살이 매우 두껍게 드러나게 한 돋을새김)한 것이다. 현재 광배는 파손이 너무 심해 남아 있는 부분이 거의 없으며, 불상도 훼손과 마모가 심한 상태이다. 머리는 나발(螺髮, 부처의 머리카락. 소라 껍데기처럼 틀어 말린 모양)이고 크고 뚜렷한 육계(肉髻, 부처의 정수리에 있는 뼈가 솟아 저절로 상투 모양이 된 것)와 긴 귀를 가지고 있다. 그리고 원만하고 온화한 얼굴을 하고 있다. 미간엔 백호(白毫, 부처의 두 눈썹 사이에 있는 희고 빛나는 가는 터럭)를 표시했는데 무엇인가를 삽입했던 흔적이 남아 있다.
31) 1930년~1950년대 기준으로 50여 가구(진주 강씨 2가구, 달성 서씨 1가구, 여산 송씨 8가구, 경주 이씨 여러 가구)가 거주하였으며 예로부터 논농사와 밭농사로 생업을 주로 하였다고 송문창 선생은 구술 증언하였다.
32) 당정마을 인근에 위치한 동네로, 대구광역시 동구의 법정동이다.

16

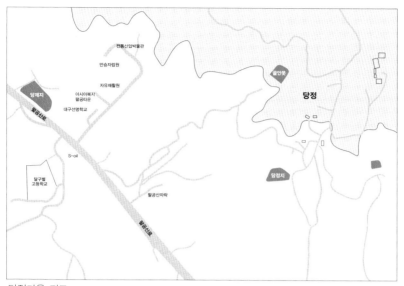

당정마을 지도

3. 연희(演戱) 순서(順序)와 편성(編成)

'당정마을 지신밟기'는 '당제(堂祭)'의 일환으로 '대동회의(大同會議)' → '당(堂) 내림' → '금토(禁土) 깔기' → '당샘 금(禁)줄치기' → '당제(堂祭, 당산제)' 순서로 진행되며, '지신밟기'의 일환으로 '대문풀이(문굿)' → '성주풀이(성주굿, 치장풀이, 성조푸리, 성조풀이, 성조신가, 성주본가 등)' → '살풀이(일년 액풀이, 일년 액살풀이, 12달 살풀이, 액살풀이, 액풀이, 도살풀이, 동살풀이, 푸살, 액막이, 달거리 액풀이 등)' → '조왕풀이(정지풀이, 조왕굿 등)' → '용왕풀이(정제(井祭), 용왕굿, 우물풀이, 우물굿, 샘풀이, 샘굿, 샘제, 우물제, 정호제(井戶祭), 용수제(龍水祭), 우물고사 등)' → '노주 빛가리(곡간지신풀이, 고방풀이, 고방굿, 도장풀이, 뒤주풀이, 창고풀이, 고방대신풀이 등)' → '바동태(방아동태, 방앗갓 풀이, 방앗간 지신풀이 등)' → '마대장구(마대장군 모시기, 외양간 풀이, 마구간 풀이, 축사풀이, 마구간 지신풀이, 외양간 굿, 마구간 치는 굿, 가축우리 치는 굿 등)' → '장독간(장독 지신풀이, 장독갓 풀이, 장고방 풀이, 장독굿 등)' → '정낭각시(변소각시, 정랑각시, 정낭각시 풀이, 변소장군, 측신(厠間), 뒷간 지신풀이, 통시풀이, 변소풀이, 측신(厠間)풀이 등)' → '마당풀이(마당밟이, 마당놀이 등)' → '문간풀이(대문 나올 때 집을 향해 하는 풀이 등)' 의 순서로 진행되며, 집안의 곳곳을 돌며 곳곳을 관장하는 신(神)들에게 가족의 안녕과 복을 기원한다. '당정마을 지신밟기' 를 하다가 중참[33] 때가 되면, 보통 흰떡(또는 쌀), 콩나물, 김치 등을 넣은 김치 밥국[34]을 끓여 먹는 것이 일반적이며, 이때 피로감도 풀고 흥을 더욱 돋우기 위해 농주(農酒)[35]를 곁들였다.

이처럼 마을의 가가호호(家家戶戶)를 돌며 진행할 때 길굿(길놀이 장단)을 치며 이동하며, 특정 주인집 대문 앞에서 '대문풀이(문굿)' 를 한 후, 상쇠를 비롯한 지신밟기 패가 대문 안으로 들어가면 성주, 정지[36], 우물, 곳간, 방앗간, 마구간, 장독대 등의 순서를 정해 차츰 실내의 깊은 공간으로 들어가면서 의례(儀禮)를 진행한다. 그

---

33) 일을 하다가 중간에 먹는 음식. 유의어로 곁두리, 새참, 샛요기(-療飢), 참밥, 사이참이라 하기도 함.
34) 경상도 지역에서 식은 밥에 김치를 넣어서 간단하게 끓여 먹던 국.
35) 농사일을 하는 일꾼들에게 주려고 농가에서 빚은 술을 통틀어 이르는 말.
36) '부엌' 의 방언.

뒤 다시 마당으로 나가 오락적 성격이 강한 놀이판을 벌여 기량을 과시하고 웃음을 유발하며, 구경꾼은 이를 즐기는 과정이 이어지고, 주인댁에서 내어놓은 제물(祭物)을 거두어 주인댁에게 인사를 드린 다음, 주인집 대문 밖으로 나가는 과정으로 진행된다. 즉, 다른 집으로 이동해 가는 것이다. 이렇게 집집마다의 지신을 밟으면서 창(唱)을 하고 춤, 익살, 재주 등을 연희(演戱)하는 것으로, 마을의 지신(地神)에 대한 공연적(供演的) 성격을 띠었다.

15명[37] 정도의 인원으로 구성되며 '농자지천하지대본(農者之天下之大本)'[38]이라고 쓴 농기(農旗)[39] 1명이 가장 앞서고, 꽹과리 2명(숫 매구[40] 1명, 암 매구[41] 1명), 징 2명, 북 2명, 장구 1명으로 구성된 풍물(風物)을 선두로 바가지 벅구[42] 4명, 양반 1명, 포수 1명, 색시 1명의 잡색(雜色)의 가장행렬(假裝行列)[43]이 뒤따른다. 당시

---

37) 기존 15명 정도로 구성되던 지신밟기 인원을 '제 43회 한국민속예술축제(2002년)'에서 재현을 한 적이 있다. 이때는 쇠 2명, 징 2명, 북 2명, 장구 2명, 주인 1명, 색시 1명, 포수 1명, 대감 1명, 기수 2명, 각설이 2명, 지도밥 먹이는 사람 1명, 새 보는 사람 1명, 떼기(파대, 破帶, 새를 쫓을 때 짚으로 꼬아 만든 새끼를 휘휘 돌려서 새를 쫓는 도구) 치는 사람 4명, 조왕풀이 비는 사람 1명, 바가지 벅구 22명, 구경꾼 4명, 소품 1명 이렇게 총 50명으로 구성되었다.
38) 농업은 천하의 사람들이 살아가는 큰 근본이라는 뜻으로, 농업을 장려하는 말. Agriculture is the foundation of a nation(the basis of national existence).
39) 농기는 절대로 쓰러져서는 안 되는데, 이는 기가 상징하는 뜻과 힘이 확실하고도 바르게 서야 한다는 의미이며, 기의 권능이 그 굿판에서 힘을 발휘해야 한다는 의미가 된다.
40) 음색이 강하고 높은 소리를 내는 꽹과리로 주로 상쇠의 역할을 하였다.
41) 음색이 부드럽고 낮은 소리를 내는 꽹과리로 주로 부쇠의 역할을 하였다.
42) 선소리패·사당패·풍물패들이 치는 조그만 북으로 법고(法鼓)에서 온 말이다. 법구 혹은 소고(小鼓)라고 하며 당정마을의 경우엔 가죽으로 만든 벅구가 아닌 바가지로 만든 벅구를 사용하였다.
43) 참가자들이 제각기 특색 있는 차림을 하여 외모를 가장한 채 줄지어 다니는 것.

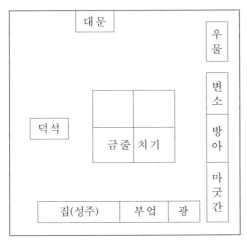

당정마을 지신밟기 주인댁 배치도
-제 43회 한국민속예술축제 재현(2002년)

1940년~1970년 사이의 상쇠로는 이태용[44], 징은 진주 강씨(택호[45]는 도국덕)와 경주 이씨(택호는 침산댁), 북은 송복건(택호는 용허덕)과 이상호, 색시는 송경진이 유명하였다.

1년 단위로 소임(所任)[46]을 맡은 특정한 집에서 악기, 의상, 도구 등을 보관하고 사전에 준비하게 하였으며, 다른 지역의 경우 음력 섣달 중에 풍물(風物)과 '지신밟기' 노래 연습을 별도로 실시하는 반면, '당정마을'의 경우 별도의 연습이 없이 진행하는 것이 일반적이다. 정월 대보름 지신밟기를 할 때, 모를 심기 전 못자리 준비하는 과정인 갱자리[47]를 준비할 때, 논매기[48] 이후 마을을 돌아오면서 농민 위로 잔치를 할 때, 풍물(風物)을 울린 것이 전부라 한다.

---

44) 송정 2동 태생. 상쇠와 소리꾼으로 유명하다. (이태용은 송문창에게 마지막 상쇠 자리를 물려준다.)
45) 성명 대신 출신지명이나 벼슬의 명칭, 또는 호를 붙여 부르는 이름.
46) 맡은 바 직책이나 임무로 풍물·상여·의상·제기(祭器)·족두리 등을 1년 단위로 돌아가면서 보관하고 관리한다.
47) 모 밟는 풀이라 하며, 못자리에 넣을 거름으로 쓰기 위해 뿌리 채로 캐는 이른 봄의 풀로, 논(畓)에 거름용으로 사용되는 풀을 일컫는 말이다.
48) 논매는 소리. 모심기가 끝난 뒤에 논의 잡풀을 뽑으면서 부르던 공산농요 중 하나이다. 긴 논매기 소리, 잦는 논매기 소리(호야소리), 논매기 끝소리(전례소리)로 구성된다.

의상(衣裳[49])은 흰색 저고리[50]와 흰색 바지를 입고 대님[51]을 매고, 짚신[52]을 신는다. 그리고 어깨 좌우와 허리에 새끼로 엮은 치복(服) 띠[53]를 둘렀다. 머리엔 문종이로 만든 고깔을 쓰는데 푸른색, 빨간색, 노란색 꽃을 달았으며, 소나무 네 발가지 상모[54]를 특별하게 만들어 사용해서 놀기도 하였다.

풍물(風物)의 경우 꽹과리는 다시 상쇠(숫 매구)와 부쇠(암 매구)로 나누며, 상쇠의 역량이 상당히 중요했다. 이는 놀이꾼들을 얼마나 잘 놀릴 수 있느냐에 있는데, 본인의 기예만을 뽐내는 상쇠는 높은 평가를 받을 수 없다. 즉 뛰어난 기예는 기본적으로 갖추고 있어야 할 기술이지만, 상쇠에게 꼭 필요한 덕목과 능력은 놀이꾼을 중시하는 자세와 '지신밟기'를 신명나는 놀이판으로 만들 수 있는 능력이다. 이는 판의 흐름을 잘 읽어내는 안목이며 판을 '내고 달아

---

49) 풍물패가 입는 의복을 이르는 말.
50) 양팔과 몸통을 감싸며 앞을 여며 입는 형태로 된 한복의 윗옷. 언제부터 저고리라는 용어가 사용되었는지는 알 수 없으나, 문헌에 처음 보이기는 1420년(세종 2) 원경왕후 천전의(遷奠儀)에 나오는 '赤古里' 또는 '短赤古里'라는 기록인데, 이는 우리말을 취음한 한자표기인지, 몽고의 영향인지 그 어원을 단정할 수 없다.
51) 남자의 바짓부리를 오므리기 위하여 사용하는 끈. 폭이 넓은 바지를 오므리면 말을 탈 때나 활동할 때 편하고 추운 기후에 보온의 효과도 있으므로 고안된 것으로 여겨진다. 삼국시대의 고분벽화를 보면 남자들이 넓은 바지의 부리를 졸라매어 오므리고 있는데, 이것으로 미루어 상고시대부터 사용하여 왔음을 알 수 있다.
52) 짚으로 엮어 만든 신. 초리·초혜라고도 한다. 옛 문헌에 의하면 「통전(通典)」변방문(邊防門) 동이(東夷) 마한조(馬韓條)에 '초리(草履)'가 나오고, 「진서(晉書)」사이전(四夷傳) 마한조에 '초교(草蹻)'가 나오는 것으로 미루어 이미 삼국시대부터 착용하였음을 알 수 있다.
53) '당정마을'에서는 다른 지역에서 흔히 보이는 삼색(빨·노·파) 띠가 아닌, 새끼로 꼬아 만든 띠를 사용하였다.
54) '당정마을'에서는 특이한 상모를 사용하였는데, 1940년~1970년 사이에 보여 지는 형태이다.

맺고 풀어'내는 조정 능력을 의미한다. 부쇠는 상쇠를 보좌하여 꽹과리 가락을 책임지며, 어떤 경우에서든 부쇠는 쇠가락이 멈추는 상황이 있게 해서는 안 된다. 상쇠가 판을 살리고 죽이는 것을 자유자재로 할 수 있도록 기본적인 박 위주로 연주해 주어야하며, 소리가 끊어지는 경우가 없도록 해야 한다.

징은 중심을 잡아주는 기준점이다. 다른 풍물(風物)은 다소의 실수가 용인될 수도 있지만 징만은 절대 틀려서는 안 된다. 징의 소리가 틀리면 풍물(風物)의 조화가 깨져버리고 움직임이 멈춰버리기 때문이다. 징의 소리는 꽹과리에 비해 낮은 성음이고 여운이 길다. 즉 징의 이런 성질은 어떤 개성적인 소리든 가리지 않고 다 품어 앉아 감싸버린다. 꽹과리처럼 요란하지도 않고 나서지도 않고 묵묵히 받쳐줄 뿐이다. 이것이 징의 덕목이다.

북은 남성적이고 공격적인 성질이다. 북수들은 마음껏, 자기 개성대로 놀면 놀수록 좋다. '지신밟기'의 판이 깨지지 않도록 최소한 장단을 맞춘 상태에서 마음껏 가락을 치고, 마음껏 춤을 추면 좋은 것이다. 즉 개체의 극대화된 멋과 전체의 하나가 된 멋, 그 이질적인 극점을 동시에 대비시키면서도 조화를 이뤄내는 데에 북 놀이의 묘미가 있다. 장구는 여성적이고 섬세한 성질이다. 최소한의 장단만 맞춰 주면 된다. 나머지는 마음껏 가락을 치고 마음껏 춤을 추며 놀면 된다.

잡색(雜色) 중에서 벅구[55]는 풍물(風物)을 매개로 연주자들끼리 서로 합일된 순간에 나오는 기운과 '지신밟기'에 모인 마을 구경꾼들이 그 기운에 감응하여 판과 합일되는 순간 솟아오르는 흥과 신명을 직접적으로 표출시키는 장치이자 통로이다. 즉 벅구는 풍물(風物)과 잡색(雜色)의 경계에 위치하고 있는 구조적인 특징을 갖는다. 이에 악기로서 역할도 수행을 하지만, 신명을 극명하게 표출시키기 위한 잡색(雜色)으로서의 역할도 자연스럽게 수행해야 한다.

'당정마을 지신밟기'에서는 바가지 벅구놀음[56]이 별도의 마당으로 분류가 되며, 덧뵈기장단[57]과 빠른 벅구장단 등으로 구성된 춤놀음이 특징이다. 포수는 구경꾼들이 정도에 어긋난 일을 통제하는 일을 도맡아 수행해야 하며, 양반은 커다란 관을 쓰고 긴 담뱃대를 물고 점잖게 걸으며, 그 뒤에 색시가 요염한 표정을 지으며 뒤따른다. 이들은 '지신밟기'의 판 사이를 자유롭게 오가며, 구경꾼들의 관심과 참여의 폭을 넓히고 재담과 놀이를 벌이거나 덧뵈기춤을 추

---

55) 법고(法鼓)에서 온 말로 법구 혹은 소고(小鼓)라고 하며, 이 북을 치는 사람을 벅구잡이 혹은 소고잡이라고 부른다. 불교 의식에 쓰이는 법고와는 악기의 모양과 기능에 있어서 서로 다르다. 농악에 쓰이는 벅구의 모양과 크기는 지방에 따라 조금씩 차이가 나지만 대개 지름이 일 곱치, 높이는 7푼 가량의 둥글고 넓적한 북통에 짧은 나무자루를 단 형태가 많고, 간혹 나무자루 대신 끈을 달기도 한다.
56) 다른 지역에서는 좀처럼 찾아보기 힘든 바가지로 된 벅구를 사용하여, 덧뵈기장단과 빠른 벅구장단 등으로 일자진과 원진 등을 만들며, 독특한 춤사위로 짜임새 있게 구성하며 농사 행위를 흉내 내며 실시되었다.
57) '덧배기'란 인간에게서 해악을 끼치는 탈난 잡것을 베어 없애버린다는 뜻으로 '덧배기춤'은 지신(地神)을 진압하듯 크게 뛰어 땅을 내리밟는 춤동작에서 긴장감이 감도는 공격적인 박력을 볼 수 있다. 이러한 '덧배기춤'을 추기위해 연주하는 장단이 '덧배기장단'이다.

어 흥을 북돋우는 구실을 하는데, 때에 따라서는 풍자(諷刺)[58]와 해학(諧謔)[59]의 한마당을 만드는 역할을 수행한다.

대부분의 소리는 대표적인 메나리 토리(東部民謠調)[60] 음계로 되어 있는데, 경우에 따라 낮은 '미' 혹은 '미 - 솔'을 생략하는 경우가 있다. 그 구성 음이 낮은 음부터 '솔 - 라 - 도 - 레 - 미 - 솔'로 되어 있어 서울·경기지방의 경토리[61]와 그 형태가 비슷하기도 하다. 이에 성주풀이 토리 또는 남부 경토리로 지칭되기도 한다. 그래서 '당정마을 지신밟기'의 소리는 '메나리토리의 변화형'으로 설명될 수도 있겠다.

'당정마을 지신밟기'가 본격적으로 이루어지기 전에, 각 가정에서는 여러 가지 민속의례(民俗儀禮)가 개별적으로 실시되는데, '마당 금줄치기'[62], '깡통 치며 새 후치기', '감나무 열룡찍기', '지도밥 먹이기', '떼기치고 모깃불 붙이기' 등이 그것이다.

정월 대보름 이른 아침이 되면, 마당에는 십자(十字) 모양으로 금

---

58) 문학 작품 따위에서, 사회의 부정적 현상이나 인간들의 결점, 모순 등을 빗대어 비웃으면서 비판함.

59) 세상사나 인간의 결함에 대한 익살스럽고 우스꽝스러운 말이나 행동.

60) 한반도 동부지역에서 전승된 민요, 무가, 기악에서 가장 많이 나타나는 음계이자 선율로, '메나리조'라고 부르기도 한다. 경상도 지방에서는 대부분의 기악곡, 통속민요, 곡소리, 장사꾼이 외치는 소리에도 대부분 메나리토리가 나타난다.

61) 경(京)토리. 서울과 경기지방의 음악어법. 주로 솔 - 라 - 도 - 레 - 미의 5음 음계로 되어있고, 경쾌하고 밝은 느낌을 준다.

62) 말목을 박아 금줄을 치기도 하지만, 집 마당 감나무 등에 금줄을 걸어서 치는 것이 일반적이다. 가끔 허재비를 함께 세우기도 한다.

(禁)줄이 걸리게 되고, 본인의 들판 명칭[63]을 외치며 대나무 장대로 깡통을 두드리는데, 이는 곡식의 피해를 막고 풍년을 기원하는 새를 쫓아내는 모의 행위이다. 『동국세시기(東國歲時記)』[64]에 의하면 창명축조(唱名逐鳥)[65]라 하여 관동 지방의 산간에서는 여러 아이들이 일제히 온갖 새의 이름을 부르면서 쫓는 시늉을 하는데, 풍년들기를 기원하는 것으로 소개하고 있다.

"정골에 우히~, 도개기 우히~."

과일나무 기풍(祈豊)[66] 주술(呪術) 중에서 가장 일반적인 것은 과일나무 시집보내기(嫁樹)[67]이다. 이와 같은 의미로 남부지방을 중심으로 다양한 양식의 기풍(祈豊) 주술(呪術)이 전승되는데, 이것은 크게 네 가지로 구분된다. 먼저 나무에 특정한 물질을 부착하거나 투여하는 행위로 '과일나무 시루물주기', '감나무에 오줌 붓기', '감나무에 찰밥 붙이기', '묵은 거름주기'가 있다. 이중 '당정마을'

---

63) 당시의 '당정마을' 들판 명칭으로는 '정골', '새청', '장기텅', '도개기' 등이 있었다.
64) 조선 후기의 홍석모(洪錫謨)가 집필한 연중행사와 풍속들을 정리하고 설명한 세시 풍속집.
65) 새 쫓는 지역에 따라 까마귀 쫓기·솔개 쫓기·까치 쫓기 등으로 지칭되며, 새로부터 피해를 방지하기 위한 것으로 전국적으로 분포되어 있다. 농민들의 최대 기원은 농사가 풍요로운 결실을 맺는 것이다. 그런데 한 해 동안 고생해서 농사를 지어 놓으면 새가 와서 까먹는 경우가 많았다. 이렇게 되면 수확량이 적어져 생산과 수입이 줄어든다. 이런 피해를 예방하려는 '새 쫓기'에는 농경민들의 바람인 풍요로운 결실을 기원하는 소박한 뜻이 담겨 있다.
66) 그해에 풍년이 들기를 바라는 행사를 통틀어 이르는 말.
67) 음력 섣달그믐 또는 정월 대보름날 과일나무 둘레에 오줌을 붓거나 또는 과일나무의 가지에 돌을 끼워 넣거나 찰밥을 붙여서 그해에 과실(果實)이 많이 열리기를 기원하는 풍속이다. 이를 '가수(嫁樹)', '과실 기풍(祈豊)' 등이라고도 한다.

에선 '감나무 열룡 찍기'라 하여, 감나무에 도끼로 세 번 찍어 흠집을 낸 뒤, 찰밥을 붙이는 행위를 실시하였다. 이러한 행위는 결과(結果)를 방해하는 나쁜 기운을 쫓아내는 기능을 한다. 이때 감나무에 더해지는 물질인 참쌀밥은 제액(除厄), 성적(性的) 결합(結合), 풍요로움 등을 상징한다.

<blockquote>
"열룡아~, 열룡아~."

"및[68] 섬 열래~(쿵)[69], 두 섬 열래~(쿵), 석 섬 열래~(쿵)."
</blockquote>

'지도밥 먹이기'[70]는 지붕에서 물이 떨어지는 곳[71]에, 도끼로 땅

---

68) 몇.

69) 도끼 찍는 소리.

70) 지붕에서 물이 떨어지는 곳 3군데와 추가적으로 마당 중앙 1군데에 '지도밥'을 묻어 두었다.

71) '당정마을'에선 '새끝'이라 지칭하였다.

72) 민간신앙에서 재앙과 질병을 유발시키는 생리적·물리적 오예(汚穢, 더러움) 및 정신적·윤리적 오예.

73) 치밥·키밥·물밥·물귀밥·물앞·까치밥·바가치밥(바가지밥)·뒷밥·뒷전밥·거리밥 등으로 지칭된다. 객귀밥은 제사나 고사를 지낸 다음 차리는 경우와 무속에서 수부, 거리굿, 뒷전을 할 때 차리는 경우가 있다. 또한 객귀를 물릴 때 차리기도 한다. 객귀밥을 차리는 방식 역시 경우에 따라 약간씩 다르다. 일반 제사나 명절 때는 객귀밥을 차려서 대문이나 길거리에 내다 놓으면 그만이다. 안택을 할 때는 객귀밥에 식구들의 머리카락을 넣거나 침을 뱉게 한다. 그런 다음 칼을 던져 칼끝이 바깥을 향하면 객귀가 물러났다고 여긴다. 지역에 따라 객귀밥을 차리는 형태가 다양하다. 키에 차리는 형태, 바가지에 놓는 형태, 사자상을 차리는 형태 등이 있다. 키에 차리는 형태에서는 키에 물 한 그릇, 밥 한 그릇, 된장, 소금 등을 간단하게 차린다. 바가지에 밥을 물에 말아서 놓는 것을 '물밥'이라고 한다. 간단하게 차릴 때는 바가지에 소금, 밥, 고춧가루, 술, 동전을 넣고 물에 말아 놓는다. 고사에 올린 각종 떡과 과일, 국과 밥 등 여러 가지 음식을 함께 넣어 말아 놓기도 한다. 이때 숟가락은 바가지에 여러 개 꽂아서 걸쳐 놓는다. 객귀밥을 사자상이라고 하여 안택을 할 때 따라온 객귀들을 위해 밥, 물, 떡, 쌀 등을 세 그릇씩 놓아두는 경우가 있다. 이때 신 세 켤레를 함께 놓기도 한다.

을 세 번 콕 콕 찍어서, 찰밥을 조금 떠서 문종이에 싼 후, 그곳에 묻어두는 행위를 말한다. 일종의 부정(不淨)[72] 가시기와 부정(不淨) 물리기 행위이며, 또한 제액(除厄) 행위이다. '지기(地氣)를 누른다.'라는 말로 표현되기도 하며, 이는 토지신(土地神)에게 고하는 행위이다. 개인이 고사나 제사를 지낸 후나 맨 마지막에 객귀들을 위해 차려놓는 객귀밥[73]과는 전혀 다른 행위이다.

'떼기[74]치고 모깃불 붙이기'는 앞마당 담벼락에서 짚단에다가 불을 붙여서 연기가 나면, 집 안 곳곳을 한 바퀴 돈다. 이는 대보름을 전후하여 집안을 청소한 뒤 쓰레기를 태우는 풍속이기도 하였으며, 이렇게 하면 한 해 동안 모기에게 시달리지 않는다고 믿었다. 이 풍속에는 집 안팎을 깨끗이 하여 전염병을 물리치고자 하는 지혜가 담겨 있다. 또한 정월 대보름이 아닌 평상시에도 들판에 나가서 떼기를 치는데, 이를 '새를 본다.'라고 하며, '새가 못 오도록 자신의 논을 지킨다.'라는 뜻으로 다른 지역에선 '새를 후친다.'. '새를 쫓는다.'라고 하였다.

> "정골에 우히~ (딱)[75], 도개기 우히~ (딱),
> 저 부잣집 논에 가거래~ (딱)."
> "뱀 치자~. 뱀 치자~."

---

74) 떼기(파대, 破帶, 새를 쫓을 때 짚으로 꼬아 만든 새끼를 휘휘 돌려서 새를 쫓는 도구)
75) 떼기를 돌리는 소리.

4. 장단(長短)

'당정마을 지신밟기'에 사용되는 장단은 마을의 곳곳을 이동하며 연주하는 길매구(길굿, 길놀이)장단과 '지신밟기'를 할 때 연주하는 지신밟기 기본 장단과 지신밟기 사잇가락이 대표적이다.

즉 절(인사, 人事)을 할 때, 액몰이 가락을 칠 때, 지신밟기의 어떤 연행과정이 다른 연행과정으로 넘어갈 때 사용되는 '일채 장단류(長短類)', 길을 걸어가면서 연주하는 길매구(길굿, 길놀이)장단, 지신밟기 이후에 장단을 매조지는 볶는 가락, 마당풀이(놀이)에 빠르게 몰아갈 때 사용되는 빠른 벅구장단 같은 '이채 장단류(長短類)', 당을 내릴 때 사용되는 당 내림장단, 지신밟기 대부분에 사용되는 지신밟기 기본 장단과 지신밟기 사잇가락, '지신풀이'를 모두 끝낸 후 실시하는 마당풀이(놀이) 장단 같은 '삼채 장단류(長短類)', 그리고 '덧뵈기 장단류(長短類)' 등이 주를 이룬다.

① 길매구 장단 (2002년 채보)

쇠	당		그 당	당		당		그 당	당	
	다 당			닷		다 당				

(당)　　　　　(다그당)

징	징				(징)			
북	쿵		쿵	쿵	쿵		쿵	쿵

장구								
덩		덩	덩		덩	기 덕	덕	
더 덩		덩		더 덩				

(덕)　　　　(덩기덕)

② 당 내림 장단(쇠) (2017년 채보)

쇠										
다	당		다	당		다	당		당	
다	당		다	당		다	당		당	

③ 지신밟기 기본 장단(쇠) (2002년 채보)

쇠									
당		그	당		그	당		그	다 당
다	당		당		그	당		그	다 당

④ 지신밟기 사잇가락 (2002년 채보)

쇠									
당		그	당		그	당		그	다 당
다	당		당		그	다	당		당

징							
징							
징				(징)			

북							
쿵			쿵		쿵		쿵
쿵	(쿵)		쿵		쿵	(쿵)	쿵

장구								
덩		기	덩		기	덩		덕 궁 덕
더	덩		덩		기 궁	덕		덩

⑤ 빠른 벅구장단(쇠) (2002년 채보)

쇠	다 다	당	다 다	당	당	다 다	다 다	당
	당		다 다	다 다	당			

징	징		(징)		징			
	징							

북	쿵	쿵	쿵	쿵	쿵	쿵	쿵	쿵
	쿵	쿵	쿵	쿵				

장구①	더 더	덩	더 더	덩	덩	기 기	쿵 덕	쿵
	덩	기 기	쿵 덕	쿵	(덩	덩	쿵 덕	쿵)

장구②	더 더	덩	더 더	덩	덩	덕	더 더	덩
	덩	덕	더 더	덩				

⑥ 굿거리장단(송문창[76] 선생 풍물 구음) (2014년 채보)

풍물구음	쾡		막		막	쾡		따	쾡	따	
	쾡	막	막	막	막	마마	쿵	짜	짜짜	쿵	따	따
	쿵	마	마	막	막	마마	쾡		따	쾡	따
	쿵	막		막		막	쿵		따	쿵	딱

76) 당정마을 지신밟기의 마지막 상쇠(1933년생)이다. 2018년 현재 대구광역시 무형문화재 7호 공산농요 예능보유자로 활동 中이다.

30

⑦ 덧뵈기 장단(쇠) (2002년 채보)

당	당	다다	당	당	다다	당	당	다다	당	당	닷당(다)
당	당		당		다	당	그	당	닷	당	
당	당	다다	당		다	당	그	당	닷	당	

(쇠)

⑧ 마당풀이(놀이) 장단(쇠) (2002년 채보)

쇠	다	다	다	닷	다	다	당		그	닷	당
	다	다	다	닷	다	다	당		그	닷	당

쇠	다	당		닷		다	당		그	닷	당
	당		당		당			당	그	닷	당

쇠	당		그	당		그	당		그	닷	당
	다	당		당		그	당		그	닷	당

쇠	당		그	다	다	그	당		그	닷	당
	당		그	다	당		당		그	다	당

5. 지신(地神)에 대한 관념(觀念)

지신(地神)이라 하면, 대지 및 특정 지역 토지가 지닌 것으로 믿어지고 있는 초자연적 힘을 인격화해서 신앙함으로써 형성된 개념이다. 추상적인 이론체계상 천신(天神, 하늘신)과 짝을 이룬, 대지신

(大地神)인 지신(地神)의 존재는 민속신앙 현장에서 흔히 듣게 되는 "천지신명(天地神明)[77]이시여"라는 말에서 쉽사리 확인될 수 있다. 대지가 지닌 위대한 생산력에 바치는 경외감이 대지를 곧 영원한 생명의 힘 또는 근원이라고 간주하게 되면서 대지신(大地神)이라는 개념은 민속신앙(民俗信仰)에서 중요한 몫을 차지하게 된다.

이처럼, 한국 고대사회에서 지신(地神)의 관념은 각종 시조신화(始祖神話)[78]에서 그 원형을 찾아볼 수 있는데, 우리들의 상고대(上古代) 신화에서 왕조의 창건주는 모두 하늘에서 하강한 남성으로 된 신이고, 이와는 달리 창건주의 배우자인 여성은 우물이나 강수(降水)를 포함해서 지상에 그 출생 근거지를 두고 있는 것을 지적함으로써 우리 상고대(上古代) 신앙체계 속에 존립하고 있었을 천부지모(天父地母)의 관념을 유추해볼 수 있다. 즉, 천신(天神, 하늘신)과 짝을 이루게 됨으로써 천부지모(天父地母)[79], 곧 아버지인 하늘과 어머니인 땅이라는 가부장제적인 발상을 바탕에 깐 관념이 형성된다. 고대국가의 창건주의 배우자인 여성은 모두 지상에 그 출생의 근거지를 두고 있음이 그것이다. (다른 한편으로는 '제주도의 삼성혈(三姓穴)'[80]신화의 경우 남성으로서의 천신(天神)에 종속적이지 않은 지모신(地母神) 관념의 흔적도 발견된다.)

---

77) 하늘과 땅의 조화를 주재하는 온갖 신령.
78) 어떤 사회집단(민족·국가·종족)의 최초의 조상에 관한 신화.
79) 신화를 믿던 시대에는 하늘을 아버지, 땅을 어머니라고 여겼으며, 이는 민간신앙의 바탕에 짙게 깔려 있는 의식.
80) 국가지정문화재 사적 제134호로 지정되어 있는 삼성혈은 태초에 탐라를 창건한 고을나, 양을나, 부을나 삼신이 용출했다고 전해지는 곳이다.

이러한 인식체계는 지배이념을 반영하는 국가적 의례(儀禮)에서도 찾아볼 수 있다. 고려시대의 국가의례인 길례(吉禮)[81]에는 천신(天神, 하늘신)에 대한 의례(儀禮)로 원구(圓丘)[82]가 있고, 지신(地神)에 대한 제사인 사직(社稷)[83]이 거행되었다. 조선시대에는 천자(天子)[84]만이 지내는 천제(天祭)를 제후(諸侯)의 나라에서 지낼 수 없다고 하여 천신(天神, 하늘신)에 대한 제사가 공식적으로는 사라지나 천부지모(天父地母)의 인식체계는 변하지 않았다. 민간에서는 농경(農耕) 중심의 생활로 인해 지신(地神)의 비중이 보다 강화되어 나타나기도 하지만 천신(天神, 하늘신)의 흔적으로 추정되는 성주신(成主神)보다 하위의 신격으로 자리매김 되는 것으로 보아 역시 천부지모(天父地母)의 인식에는 별 차이가 없다. 이는 10월에 추수가 끝나고 가택신사(家宅神祠)[85]를 올릴 때 성주신(成主神)에게 먼저 올리고 지신(地神)에게는 뒤에 하기 때문에 이를 후전(後殿)풀이 혹은 뒤풀이라고 하는 데서도 잘 드러난다.

---

81) 오례(五禮)는 길례(吉禮)·가례(嘉禮)·빈례(賓禮)·군례(軍禮)·흉례(凶禮)를 가리킨다. 오례(五禮) 중 길례(吉禮)가 가장 앞서는데, 길례(吉禮)는 제사와 관련된 의례를 가리킨다. 사람이 죽으면 혼(魂)은 하늘로 돌아가고 백(魄)은 땅으로 돌아간다.
82) 동양에서 천자가 하늘에 올리는 제사를 말한다. 전통시대의 우주관은 평평한 땅위에 둥근 반원이 땅 위를 덮고 있는 것으로 생각하였기 때문에 하늘에 지내는 제사를 원구(圓丘)라 하였다.
83) 우리나라의 왕이 나라를 세워 백성을 다스릴 때는 사직단(社稷壇)을 만들어 국태민안(國泰民安)을 기원하는 제사를 지내왔다.
84) 하늘의 아들이라는 뜻으로, 제국의 군주를 이르는 말. 중국 왕조시대의 주권자의 별칭을 뜻하기도 함.
85) 안택굿, 성조굿, 지신굿, 터고사, 대감놀이, 천궁맞이, 재수굿 등 일가의 안녕과 가업의 번창을 비는 굿.

비슷한 관념은 천지왕인 천신(天神)과 지상의 여신, 총명부인의 결연을 묘사하고 있는 제주 신화 「천지왕본풀이」[86]에서도 찾을 수 있다. 그런가 하면 지명 전설에서도 그와 같은 천부지모(天父地母) 관념의 자국을 찾아낼 수도 있으니, 경상북도 자인 지방의 산 위에 있는 「교구바위」[87]가 그 본보기의 하나이다. 제주 신화인 「세경본풀이」[88]에 등장하고 있는 세경신[89]은 그 성격상 농사신(農事神)이거니와 이 신 또한 여성신이라는 데에 유념하고 싶다. 대지모신(大地母神)은 범지역적인 신격이지만 이와는 달리 특정 지역만을 관장한 지신(地神)의 존재를 민속신앙 현장에서 적잖이 지적할 수가 있다. 가령, 방위의 신인 오방신(五方神)[90]이 제주에서는 오방 토신이라고 일컬어지고 있는 것으로 보아 지역 수호신이라고 간주되어도 무방할 것이다.

방위(方位)와 무관하게 한 촌락 전체의 지역신도 존재하고 있으며, 제주민속신앙에서는 촌락공동체 수호신, 곧 마을신인 본향당

---

86) 제주도의 무당굿에서 구연되는 서사무가. 모든 굿의 맨 처음에 시행하는 초감제(初監祭) 때 '배포도업침' 대목에서 불린다. '배포도업침'이란 굿하는 장소를 설명하기 위하여 천지혼합 때로 거슬러 올라가 천지개벽, 일월성신의 발생 등 자연현상의 형성과 국토·국가의 형성 등 인문 현상의 형성을 노래하여 내려오는 것을 말한다.

87) 交媾巖. 지역전설로 그 바위에 하늘에서 내린 남신과 지상의 여신이 어울려서 낸 흔적이 새겨져 있는 것이라고 말하여주고 있다.

88) 제주도 지역의 무당굿에서 구연되는 서사무가. 무속 제의의 제차 중 큰 굿을 할 때 심방(무당)이 주로 농사와 가축의 풍년과 번성을 구송하는 본풀이다. 본풀이의 길이가 무척 길고 내용이 풍부해서 중요한 자료로 꼽힌다.

89) 농사를 관장하는 농경신(農耕神).

90) 불교에서 방위를 담당하는 수호신. 사방을 지키는 사천왕(四天王)에 중앙의 신을 합하여 오방신이라고 한다. 방위신앙은 또한 호국사상과도 밀접한 관련이 있기 때문에 신라 때에는 호국을 주로 하는 여러 법회 때, 이 오방신상을 만들거나 초상으로 모시는 일이 성행하였다.

신을 토지관(土地官) 또는 토주관(土主官)이라고 부름으로써 지역 내의 지신(地神)임을 분명히 드러내 보이고 있다. 또한 본토의 서 낭신[91]도 부분적으로 지역 토지신의 성격을 갖추고 있음을 유추하 여도 좋을 것이다.

지역이 국가·마을에서 더욱더 좁혀져서 집안에 이르러서도 역시 지신(地神)의 존재를 지적할 수가 있다. 민속 신앙으로 살펴보면, 우리나라의 만신전격인 가옥 및 집 안팎에서 서로 다른 다양한 구 실을 다하고 있는, 넓은 의미의 가신(家神) 가운데에 집안 토지신 (土地神)이 포함되어 있다. 흔히, 터주(-主)라고 불리고 있는 신격이 이에 속한다. 터주란 장소, 곧 터의 주인 혹은 터의 신주를 의미한 다고 보이거니와, 이 경우 터란 말할 것도 없이 집터, 즉 집안의 대 지를 의미하고 있다. 터주는 지역에 따라 지신, 철륭, 뒤꼍각시 등 으로도 일컬어지고 있거니와, 그 신체는 항아리에 쌀을 비롯한 곡 식 낟알을 넣고 짚으로 덮은 것으로 표상되나, 더러 항아리 대신에 병이 쓰이기도 한다. 이들은 터주단지 또는 터주 병이라고 이름 지 어져 있다. 터주단지에 짚을 씌우는 경우에 터주까리라는 말이 쓰 이기도 한다. 이때 가리란 벼 낟가리라고 할 적의 그 가리 혹은 까리 와 같은 것이다. 이와 같은 집안 토지신의 신주는 대체로 집 뒤꼍 장 독대를 비롯해서 부엌 안 등에 가장 많이 모셔져 있음을 보게 된다.

---

91) 토지와 마을을 지켜 준다는 신. 우리나라 고유의 산신을 일컫는 말이라는 설과, 성 황신의 와음이라는 설이 있다. 최근의 연구 성과들에서는 우리나라 고유신으로서 산왕신이 서낭신으로 음이 변해왔기 때문에, 중국에서 들어온 성황신과는 그 의미 가 분명히 구분된다고 보는 입장이 우세하게 나타나고 있다.

이들에게 올리는 고사나 제사는 대보름날, 삼짇날, 칠석, 유두, 추석, 시월상달 등의 세시명절 이외에도 집안에 일이 있을 적마다 때때로 필요에 따라 시행되고 있다. 집안의 편안함에서부터 병구완, 재수, 복덕을 비는 일에 이르기까지 다양한 기축(祈祝)[92]이 이들에게 바쳐지고 있다. 성주(城主) 등과 함께 가장 두텁게 신앙이 바쳐지는 가신(家神)[93]이라고 보아도 무방할 것이다.

집안 토지신(土地神)인 터주와 관련된 민속행사로는 이른바 '지신밟기'가 널리 알려져 있는데, 이 '지신밟기'는 연초에 지신(地神)을 즐겁게 함으로써 한 해 동안 집안의 무사와 안녕을 비는 제의적인 연희행사로 보인다. 가신(家神)인 터주에게 바치는 민속적인 굿 놀이라고 표현하여도 좋을 것이다.

실제로 '당정마을 지신밟기'의 내용을 두고 헤아려 봐도 지신(地神)에 대한 송도(頌禱)[94], 지신(地神)의 힘을 빌려서 이룩할 잡귀 쫓기, 도둑몰기 등이 이 굿 놀이의 주목적임을 유추하게 된다. 이밖에 백제 '무령왕릉지석(武寧王陵誌石)'[95]에서 볼 수 있듯이, 무덤의 땅을 관장하는 지신(地神)의 존재를 생각해볼 수 있다. 무덤과 관련된 지신(地神)으로는 '천왕지신총(天王地神塚)'[96]의 벽화로 그려

---

92) 어떤 일이 이루어지기를 빌고 축원함.
93) 집을 지키며 집안의 운수를 좌우하는 신.
94) 덕과 복을 빎.
95) 충청남도 공주시 금성동에 있는 백제 무령왕릉에서 출토된 지석. 국보 제163호. 이 지석은 왕과 왕비의 장례 때 지신(地神)에게 묘소로 쓸 땅을 매입하는 문서를 작성하여 그것을 돌에 새겨 넣은 매지권(買地券)으로, 1971년 무령왕릉이 발견될 때 함께 출토되었다.
96) 평안남도 순천군 북창리에 있는 고구려 벽화고분.

진 지신(地神)을 지적할 수 있다. 하나의 뱀 몸에 네 개의 거북이 다리와 두 개의 사람 머리를 지닌 수신인면의 모습으로 묘사되고 있거니와, 그것은 봉황을 타고 하늘을 날고 있는 모양으로 그려진 남성상인 천왕, 곧 천신(天神, 하늘신)과 짝을 이루고 있다.

이처럼, 민간신앙(民間信仰)의 대상으로서의 지신(地神)은 마을공동체의 수호신 역할과 한 가정의 복락(福樂)과 연관된 가신(家神) 역할을 하며, 제주도에서의 본향신인 토주관(土主官)이나 '지신밟기'에서의 지신(地神)은 마을공동체의 수호신(守護神) 역할을 한다. 각종 세시명절(歲時名節)에 혹은 필요에 따라 지내는 고사나 안택(安宅)의 대상으로서의 지신(地神)은 가신(家神) 역할을 한다.

6. 관련 사진

당정마을 주민들 경주 야유회 (1966년)

당정마을 마지막 상쇠
송문창 선생과
옥탑방 연습실에서 (2000년)
① 송문창
② 고 류시율
③ 권태룡(저자)

당정마을 지신밟기 –
네발가지 상모를 쓴
바가지 벅구잽이
제 43회 한국민속예술축제
재현 (2002년)

당정마을 지신밟기 – 제 43회 한국민속예술축제 재현 (2002년)

당정마을 마지막 상쇠 송문창 선생(좌)과 권태룡(저자)(우) (2002년)

마지막 당정마을 지신밟기에 사용된 네발가지 상모

II. 당정마을 지신밟기 내용(內容)과 절차(節次)

1. 당제(堂祭)

① 정의(定義)와 개설(概說)

'당정마을 지신밟기'는 집터를 눌러 주는 놀이와 의례(儀禮)를 통하여 각 가정의 안녕(安寧)을 축원하는 데에 목적이 있는데, 정월 초사흘[97]이 지나면 마을의 청장년 전부가 모여 '당제(堂祭)' 준비에 관한 사항을 비롯하여 마을의 대소사에 대해 논의하는 '대동회의(大同會議)'를 연다. 이때는 전년의 마을 공동 사안에 대해 결산하기도 하며 다가오는 해의 각종 공동 관심사에 대해 토론도 한다.

'당제(堂祭)'를 실시하기 전, 마을 입구에 있는 당나무(神木, 堂山樹)[98] 앞에서는 대나무를 잡고 풍물(風物)을 치며, 신을 받는 '당내림' 행위를 실시하는데,

---

97) 그 달의 셋째 날.
98) 마을을 지켜주는 수호신이라고 믿는 나무. 신령이 나무를 통로로 하여 강림하거나 그곳에 머물러 있다고 믿어지는 나무.

"차랑 차랑 내리소. 차랑 차랑 내리소."

이렇게 사설을 읊으면서 풍물(風物)을 치면, 대나무에 신이 내려오게 되며, 집안에 부정이 없고 깨끗하며 생기복덕(生氣福德)[99]한 사람을 대나무가 용하게 찾아간다고 믿었다. 이렇게 대나무가 찾아가는 집에선, 대나무를 받아들고 정화수를 떠 놓고 절을 하게 되고, 이렇게 대나무가 찾아간 그 집 주인이 '당제(堂祭)'의 제관(祭官)[100]으로 선출이 되는 것이다.

제관(祭官)이 선출(選出)되면, 이때부터 대보름날까지 제관(祭官)은 금기[101]를 반드시 지켜야 하며, 특히 제관(祭官)으로 선출된 그 다음날 목욕재계(沐浴齋戒)[102]하고 뒷산(팔공산)으로 올라가서 붉은 찰흙(황토)을 한 움큼 퍼 담아 온다. 그런 후 제관(祭官)의 집에서 당(堂) 샘(당 우물)[103]까지 이어지는 길 양쪽에 두 줄로 금토(禁土, 황토)를 뿌리며 바닥에 까는 '금토(禁土) 깔기'를 실시한다. 또한 이 기간 동안에 제관(祭官)의 집과 당 샘(당 우물) 등을 깨끗이 청소하고 청솔가지를 단 금(禁)줄을 걸어 사람의 출입을 막는다. 또

---

99) 생기법으로 본 길일과 사람이 태어난 생년월일의 간지를 팔괘로 나누어 가린, 길한 일진의 날.
100) 제사를 맡아 주관하는 관원으로 부정이 타지 않도록 각종 금기를 엄격히 지켜야 한다.
101) 부부 간의 성관계, 담배, 기름진 음식 등을 금하였다. 제관(祭官)의 부인도 목욕재계를 매일 실시한다.
102) 제사나 중요한 일 따위를 앞두고 목욕을 하여 몸을 깨끗이 하고 부정을 피하며 마음을 가다듬는 일.
103) 제관(祭官)의 집에서 가까운 곳의 우물 한 곳을 임의적으로 당샘(당 우물)으로 지정한다.

한 이 기간 동안 장례가 치러져 당 샘(당 우물)앞으로 상여가 지나가야 할 경우엔, 덕석[104]으로 당 샘(당 우물)을 잠시 덮기도 한다.

'당제(堂祭)'는 거의 제물(祭物)[105]을 갖추어 모시기 때문에 제물(祭物)을 장만하는 준비 과정이 매우 중시된다. 당제(堂祭, 당산제)에 쓰이는 제물은 제관(祭官)이 모두 준비하며, 그 비용은 마을이 담당한다. 장을 보는 심부름은 소임(所任)이 하며 당연히 장을 볼 때는 상(喪)을 당한 가게는 피하고 깨끗한 집에서 장을 본다. 일반적으로 '당제(堂祭)' 제사에 필요한 사람을 그 역할별로 나누면, 제수(祭需)[106]를 준비하는 사람으로 제관(祭官)이 제주(祭主)[107]가 되어 절을 올리며, 초관이라 하여 잔을 올리는 사람과 독축(讀祝)[108]을 하는 축관(祝官)[109]이 참여한다. 때에 따라 심부름을 맡은 소임(所任)이 함께 하기도 하여, 보통 3~4명이 참여한다.

제단(祭壇)에는 병풍(屛風)과 깔개 대용으로 제둑[110]을 2장 준비하여, 1장은 병풍처럼 제사상 뒷면에 세워놓고, 1장은 제사상 아래에 깔게 된다. 제물(祭物)은 일반적으로 돼지고기, 과일, 절편, 술 등을 준비하고, 초와 향을 피운다. '당제(堂祭, 당산제)'는 마을 입

---

104) 멍석. 흔히 사람이 앉거나 곡식을 너는 데 쓰는, 짚으로 엮어 만든 큰 자리.
105) 제사에 쓰는 여러 가지 음식(돼지고기, 과일, 편 등).
106) 제사를 지낼 때 쓰는 여러 가지 물품이나 음식.
107) 제사를 모시는 사람.
108) 제례에서, 축문을 읽음.
109) 제사 때 축문을 읽는 사람.
110) 지둑, 제뚝. 송문창 선생의 구술 증언에 의하면 제단에 사용되던 병풍과 깔개 대용이라고 하였다.

구에 있는 당나무(神木, 堂山樹)[111] 앞에서 지내며, 매년 반복적으로 수행되는 일종의 세시풍속으로서, 제사를 지내는 날짜를 크게 두 가지 유형으로 대별(大別)한다. 하나는 매년 특정한 날을 제일로 삼는 경우요, 다른 하나는 날받이[112]를 하는 경우다. '당정마을'의 경우 후자보다는 전자의 예가 많은 편이며, 가장 일반적인 제일(祭日)[113]로는 음력 정월 대보름 자시(子時)[114]에 실시하는 것이 일반적이다. 대보름날에 당제(堂祭, 당산제)를 올리는 까닭은 달과 관계가 깊다. 달과 풍요다산과의 상징적 관계 때문이다. 신화적 상상력과 자연 종교적 믿음에 의하여 최초의 만월은 가장 생생력(生生力)이 클 것으로 간주되며, 이러한 믿음 하에 대보름이 제일로 선정된

축문(祝文)

111) 당제(堂祭)는 주로 대보름날 지내는 것이 일반적이나, 송문창 선생의 구술 증언에 의하면 마을에 암당나무가 있듯이, 마을 뒷산에 수당나무가 있어서 7월 달이 되면 큰 머슴이 별도로 술 한 잔을 붓고 내려오는 풍습도 있었다 한다.
112) 어떤 일을 하기 위하여 길흉을 가리어 좋은 날을 정하는 일. 이렇게 '날받이'를 하는 경우라도 대개는 음력 정월 초에 모신다.
113) 제사를 지내는 날.
114) 자시(子時)는 십이시(十二時)의 첫째 시로, 밤 11시부터 오전 1시까지이다.

것으로 보인다. 당제(堂祭, 당산제)에는 일반적으로 풍물을 치지 않는다.

(풀이)

유세차(維歲次)[115]유학 모씨는 동수신전에 삼가 고하나이다.

오직 인간의 선과 복은 신령의 은덕이라.

빛나고 빛남이 어찌 선이 아니겠으며, 어찌 그 일이 밝음이 아니랴.

이에 은덕에 힘입어 본 동민[116] 일동이 금차[117] 좋은 날 받아 적은 정성으로 술과 안주를 갖추어 향을 드리니 흠향[118] 하소서.

② 사설

차랑 차랑 내리소. 차랑 차랑 내리소.

당내림

- 2018년 소리녹음 -

---

115) 維歲次. 제문의 첫머리에 관용적으로 쓰는 말로, '간지를 따라서 정한 해로 말하면'의 뜻을 나타내는 말.
116) 당정마을 사람들.
117) 이제 돌아온 바로 이 차례.
118) 歆饗. 천지의 신령이 제물을 받아서 그 기운을 먹음.

2. 성주풀이(대문풀이→성주풀이→치장풀이)

① 정의(定義)와 개설(槪說)

당제(堂祭)를 실시하고 대보름날 아침이 밝으면, 당제에 사용되었던 음식을 나눠 먹는다. 그리고 '당정마을'의 가장 어른인 동장 집[119]에 모여서 본격적인 '당정마을 지신밟기'를 시작한다. 이어서 마을공동기금을 많이 기부한 마을의 부잣집부터 방문을 하게 되며, 그 이후부터는 '당제(堂祭)'를 지낸 곳에서 가장 가까운 곳에서 무작위로 가가호호(家家戶戶) 방문하게 된다.

이처럼, 정월 대보름날 아침이 되면 '대문풀이', '성주풀이', '치장풀이' 순으로 '당정마을 지신밟기'가 시작이 되는데, 지신밟기패가 찾아간 특정 주인 집 대문(大門) 앞에서 '대문풀이' 사설을 가장 먼저 외치게 된다.

"소지하니 황금출현 견문하니 만복래라."
"주인 주인 문 여소(시오) 나그네 손님 드갑니다."

이것은 대문(大門)의 안쪽으로 호시탐탐 노리는 재앙, 병마, 잡귀들이 들어오지 못하게 막아내고, 가족들이 생활하면서 복이 가득한 삶의 터전이 되게 하고, 집안의 재복이 문밖으로 나가지 못하게 하

---

119) 일반적으로 타 지역의 지신밟기는 가장 연장자 집부터 방문하는 것이 오랜 관행이다.

는 등의 가능이 있다고 믿었다. 이에 주인은 지신밟기패들을 집 안으로 맞아들이게 된다.

　'대문풀이'가 끝나면 '액몰이 가락'[120]을 연주하며 대문 안으로 지신밟기패가 입장하며, 주인 집 마당에서 풍물(風物)을 우렁차게 울리게 된다. 집 안을 크게 돌아 집 안쪽을 바라본 형태로 U자 모양을 만들며 모든 연희자(演戲者)들은 일정하게 대형을 유지하며 주인집 대청(大廳) 앞의 성주 기둥 앞에 서게 된다. 이때 반드시 주인은 성주 기둥 앞에 깔개 대용으로 제둑[121]을 1장 준비하여 그릇 한 가득에 쌀[122]을 담고, 쌀을 담은 그 그릇에 초[123]를 꽂아 불을 밝히며, 대접[124]에는 정화수(井華水)[125]를 한 가득 담아 상[126]을 차린다. 이것은 으레 '걸립'과 연계되어 이루어지는 게 보통이며, 매년 마을을 운영하려면 공동 기금을 확보하는 게 절실하여 그 방편으로

120) 일반적으로 '당정마을'에서는 일채가락을 연주하는 것이 일반적이었는데, 때에 따라서는 삼채가락 형태를 연주하기도 하였다.
121) 지뚝, 제뚝. 송문창 선생의 구술 증언에 의하면 제단에 사용되던 병풍과 깔개 대용이라고 하였다.
122) 모두 경제적으로 어려운 시기를 살아서인지, 보통 밥그릇에 쌀을 담는 경우가 많았으며, 조금 형편이 나은 집의 경우, 소두(小斗, 1말 5되) 그릇에 쌀을 담아 지신밟기패를 맞이하였다.
123) '당정마을'의 경우, 초가 사전에 준비가 안 된 집도 많아서, 당시엔 지신밟기패가 초를 들고 다니기도 하였다.
124) 국이나 숭늉을 담는 데 쓰이는 식기. 밥그릇과 한 벌이 되는 것으로 모양이나 크기가 일정하지는 않으나 대체로 입 지름이 넓고 바닥은 지름보다 좁으며 그 사이가 곱게 곡선으로 흐르게 되어 있다. 삼국시대의 고분에서 출토된 청동제 완(椀)은 지금의 대접과 그 형태가 같다. 이 형태는 고려와 조선시대의 청자·백자 제품에 이어 현재까지 이어져오고 있다.
125) 첫새벽에 길은 맑고 정한 우물물. 신앙 행위의 대상 또는 매체가 되는 우물물이다. '정안수'라고도 한다. '정화수 떠놓고 빈다.'는 말이 일러주고 있듯이, 화학적인 맑음보다는 신앙적인 맑음과 정갈함을 더 강하게 함축하고 있다.
126) 상차림을 살펴보면, 우측은 초를 밝히고, 좌측은 정화수가 위치하였다.

풍물패가 집집이 '지신밟기'를 해 줌으로써 마을 사람들이 성의껏 내놓는 쌀 등을 모을 수 있었다.

이렇게 마당에서 마루로, 다시 마루에서 마당으로 이동하면서 지신밟기를 하고 그때 '성주풀이'를 한다. '성주풀이'는 독창 형식의 가사체(歌辭體)로 4음절-4음보를 표준으로 하여 비교적 장중한 느낌을 준다. 내용의 구성이 서사적 성격을 띠고 있다. '성주풀이'는 보통 상쇠(앞소리꾼)가 앞소리를 메기면 나머지 지신밟기패들이 '지신밟기 사잇가락' 두 장단으로 연주하며 받는 형식으로 반복된다. 이 노래는 한 편이 1연(聯) 35행(行) 이상으로 된 비교적 긴 형식이다. 가사 중심으로 된 이 곡은 단조롭게 반복되어 있어, 노래한다기보다도 읊조리는 음영(吟詠) 민요[127]에 해당된다. '당정마을' 주민들의 소박한 행복관이 담겨진 축원(祝願) 노래이다.

내용은 "어허루 지신아 지신아 밟자 성주님 (또는 눌루차 눌루차 이 터전을 눌루차)"으로 시작하는데, 성주신(城主神, 星主神, 成造神)을 모셔오는 내용이 주가 되는 '성주풀이'[128]로 시작하여, 품질이 좋은 큰 소나무 재목을 베어다가 집을 짓는 과정을 묘사하며 가옥의 최고신이 되기 위해 나무를 베고 집을 짓고 치장(治粧)하는 내용으로 된 '대목치장풀이', 자손의 다산과 출세를 기원하는 '자손

---

127) 멜로디 위주의 가창(선율)민요가 아닌 리듬 위주의 민요를 일컫는 말.
128) 영·호남 지역을 중심으로 풍물패가 정초에 지신밟기를 할 때 성주굿을 지내면서 하는 소리를 말하며, 여기서 성주는 성주신(城主神, 星主神, 成造神)을 가리킨다.

치장풀이', 그리고 가정의 부귀를 기원하며 가옥신(家屋神)에 대해 마을주민들의 축원이나 발원으로 구성된 '의복치장풀이' 등으로 이어진다. 이외에도 집을 새로 짓거나 이사했을 때 집안의 길흉화복을 관장하는 성주신(城主神, 星主神, 成造神)에게 기원하기도 한다. (특히, '당정마을 지신밟기'의 경우 가사가 더 있었을 것으로 추정되는 성주의 내력을 담은 '성주 본풀이'나 '각 방 치장풀이', '대청 지신풀이' 등의 내용이 빠져있어 안타까움을 더한다.)

'성주풀이'의 성주신(城主神, 星主神, 成造神)[129]은 집이나 건물을 수호하는 신이지만, 청(請)하여 맞아들이지 않으면 오지 않는 신이다. 즉 '성주풀이'는 보통 지신밟기패가 집터를 지키고 보호한다는 성주신(城主神, 星主神, 成造神)에게 '지신밟기'를 할 때에 복(福)을 빌기 위하여 부르는 노래이자 제의(祭儀)다. 즉 '당정마을'의 경우 마을과 마을주민들의 평안(平安)과 안녕(安寧)을 위해 대동행사의 일환으로 성주(城主)를 모시는 행위가 바로 '성주풀이'인 것이다. 또한 성주신(城主神, 星主神, 成造神)을 맞아들이기 위한 굿이면서, 건축 과정에 따른 온갖 동티[130]를 제거하기 위하여 벌이는 굿이기도 하다.

---

129) 집에 깃들어 집을 지키는 가신(집지킴이) 신들 중의 하나이다. 집 안에 사는 신 가운데 가장 중요한 신은 집의 대들보에 산다고 믿어지는 성주신이며 이 신이 중요한 이유는 그 집안의 가장을 수호하는 신으로 되어 있기 때문이다.
130) 신벌(神罰)의 일종. 건드려서는 안 될 땅을 파거나 그런 나무를 베어서 그것을 맡은 지신이 노하여 받는 재앙으로, 금기된 행위를 하였을 때 귀신을 노하게 하여 받는 재앙이라 함.

'성주풀이'는 서사적인 긴 노래의 무가(巫歌)인 '성주풀이'에서 파생된 노래로 최고의 가택신(家宅神)으로 신앙되는 성주신(城主神, 星主神, 成造神)에게 가정의 번영(繁榮)을 축원하며, 제사를 지내며 부르는 세시(歲時) 의식요이다. 이를 '성조풀이'라고도 한다. 본디 무당이 성주받이[131]를 할 때에 복(福)을 빌려고 부르는 노래였다. 우리 민속(民俗)에서 집터를 맡은 신령인 성조왕신과 그의 아내인 성조부인은 집을 짓는 일부터 일문일족(一門一族)[132]의 번영에 이르기까지 그 집의 길한 일이나 흉한 일을 도맡아 직접 다스린다고 믿어 왔다.

　'성주풀이'는 대부분 단순한 노래조로 반복되며, 경상도 노래다운 꿋꿋한 멋과 시원스런 느낌을 준다. 지역에 따라서는 '성조푸리', '성조풀이', '성조신가', '성주본가' 등이라고도 한다. 그러나 일반적으로 '성주풀이'가 널리 받아들여진다. 대개 정월 대보름에 주로 실시되며, 이외에도 각 가정에서 별도로 사월 초파일, 칠월 칠석, 섣달그믐 등에 택일하여 성주제(城主祭)[133]를 지내기도 한다. 또한 집을 새로 지을 때에도 성주제(城主祭)를 지내며 '성주풀이'를 노래한다. 즉, 성주(城主)는 집 또는 마을을 지키고 보호하는 신으로, 집을 새로 짓거나 옮기게 되면 성주(城主)를 새롭게 모시게 되며, 집안에 아이가 출산하거나 또는 사람이 죽게 되면 성주(城主)

---

131) 집을 새로 짓거나 이사를 한 뒤에, 집안을 지키는 신 중 맨 윗자리인 성주를 받아들인다 하여 베푸는 굿.
132) 한 집안의 모든 겨레붙이.
133) 각 가정에서 길일을 택하여 성주에게 드리는 치성.

가 떠나고, 천재지변이나 화재를 입어도 성주(城主)가 자취를 감추는데, 이러할 때에는 성주(城主)를 다시 모시게 된다.

'성주풀이'는 '당정마을 지신밟기' 과정에서는 가장 먼저 구연(口演)되는데 이는 '성주풀이'를 가장 으뜸으로 치며, 그 자체가 바로 '당정마을 지신밟기'로 인식되기 때문이기도 하다. 이처럼 '성주풀이'가 핵심이 되는 이유로는 바로 '성주풀이'의 성주신(城主神, 星主神, 成造神)이 집안의 다른 모든 신들을 관장하는 최고의 위치에 있는 신이기 때문이다. 따라서 특히 이때의 '성주풀이' 향유자들은 집안의 안녕(安寧)과 복됨을 약속해 주는 성주신(城主神, 星主神, 成造神)의 권능을 떠올리게 되며 '성주풀이'에 강조된 축원의 주술적 효험을 실제로 기대하게 된다.

성주(城主) 호칭은 지방에 따라 '성조(成造)', '성주대감', '성주조상', '조상하나씨', '성주귀신', '성주할배' 등 다양하다. 이 중에서도 성조(成造)라는 용어가 쓰이는데 그 내막은 다음과 같다. 1927년 이능화의 『조선무속고(朝鮮巫俗考)』[134]에 "개유성조가사지의(蓋有成造家舍之意)"라 하여 성주(城主)가 가사(家舍)를 조성한다는 뜻의 성조(成造), 즉 집을 짓는 신으로 쓰여졌고, 홍석모(洪錫

---

134) 이능화(李能和)가 쓴 우리나라 무속에 관한 논문. 1927년 「계명(啓明)」(제19호)에 발표하였다. 우리나라 종교적 신앙 및 사상의 연원과 변천, 그리고 사회의 변천 상태를 연구하는 데 있어서 무속을 깊이 관찰할 필요가 있음을 전제하고, 『삼국사기』와 『삼국유사』, 『조선왕조실록』 및 그 밖의 여러 문헌사료에서 산견되는 무속에 관한 자료를 뽑아서 정리한 것이다.

謨, 1781~1857)의『동국세시기(東國歲時記)』[135]에서도 "10월 상달 무당으로 하여금 성조신(成造神)을 맞이한다(人家以十月上月 激巫 迎成造之神)."라고 하였다. 전승 현장에서는 성주(城主)라고 하지만 위와 같이 기록에서는 '성조(成造)'라고 하는 경우가 더러 있는 것이다. 이는 성주 직능이 '집을 조성하는 신'이라는 것이다. 그러나 본 칭은 성주(城主)이다.

성주(城主)에 대해 학술적으로 다루어진 것은 일제 강점기인 1930년에 손진태가 조사하여 발간한『조선신가유편(朝鮮神歌遺篇)[136]』과 1937년 일본인 아카마츠 지조(赤松智城)와 아키바 다카시(秋葉隆)가 발간한『조선무속의 연구(朝鮮巫俗の研究)』[137]가 있으며, 1970년대부터는 무속현장 조사 연구가 활성화되면서 성주(城主)와 관련한 여러 편의 보고서와 논문 등이 나왔다. 주요 내용은 먼 옛날 인간에게 집이 없었던 시대 하늘에서 천신(天神)이 내려와 인간에게 집 짓는 법을 일러주고 인간들을 보살펴준 후 집안의 평안(平安)과 재수(財數)를 담당하는 가택신(家宅神)으로 봉안되어진 것 등을 골자로 하고 있다. 즉 인간을 위해 하늘에서 땅으로 하강

---

135) 조선 후기의 홍석모(洪錫謨)가 집필한 연중행사와 풍속들을 정리하고 설명한 세시 풍속집.
136) 1930년 동경 향토연구사에서 간행하였다. 우리나라 최초의 무가집이다. 이 책은 비록 우리나라 일부 지역에서 조사한 무가를 수록하고 있어 한국 무가 전반을 보여 주지는 못하나, 무가가 문자로 정착된 최초의 예이고 조사 지역과 제보자 및 무가가 구연되는 무의 해설이 있어 본격적 자료집으로서 귀중한 가치를 가진다. 특히, 이 책에 수록된 서사무가 6편은 무속신화로서 귀중한 가치를 가진다.
137) 일본인들이 조선인을 통치하기 위한 수단으로 조선의 정신을 분석하였고, 이에 일제강점기에 한국문화에 대해 알아보기 위해 조선의 무속에 대해 연구하며 나온 책이다.

한 성주(城主)가 인간을 교화하고 가택신(家宅神)으로 좌정(坐定)[138]하였다는 것이다. 이와 같이 성주신가(城主神歌)의 형성 동기, 진행 과정, 종막(終幕)[139] 등은 천신숭배사상 구조를 갖추고 있는 단군신화(檀君神話)와 동일한 계통의 것이다.

② 사설

〈1〉 대문풀이

소지하니 황금출현 견문하니 만복래라[140]
주인 주인 문 여소(시오) 나그네 손님 드갑니다

대문풀이

– 2010년 소리녹음 –

---

138) 자리를 잡아 앉음.
139) 일의 끝이나 사건의 최후를 비유적으로 이르는 말.
140) 소지황금출 개문백복래(掃地黃金出 開門百福來). 마당을 쓸면 황금이 나오고 문을 열면 만복이 들어온다. 입춘첩에 널리 쓰이는 글이다.

〈2〉 성주풀이(치장풀이 포함)

어허루 지신아 지신아 밟자 성주님

(눌루차 눌루차 이 터전을 눌루차)

죄우로 살피오니(사방으로 돌라보니) 성주양반 어데 갔소

모시오자 모시와요 성주양반을 모시와

성주양반 오기 전에 집 칠이나 하여보소

앞집에 김대목[141](아나) 뒷집에는 박대목

연장망태[142] 둘러 미고 뒷동산천[143] 올라가(니)

사방으로 돌라보니 천리나 강산에 왕장목[144]

대톱 소톱[145]걸어놓고 시르르룽(미르라 댕기라) 톱질이야

(미르라 댕기라 시르르룽 톱질이야)

울력[146]으로 비은 나무(나) 부역[147]으로 나리와(여)

굽은 나무 등을 치고 잦은 나무 배를 따여[148]

이리(나) 둘러 목줄(먹줄)[149] 놓고 저리야 둘러 모줄 놓야

---

141) 건축 일을 하는 목수를 지칭하는 말. 즉 목수를 높이는 말(또는 목수의 우두머리).
142) 연장을 매달아 보관하기 좋게 가방처럼 만들어 끈을 단 망태.
143) 팔공산.
144) 1. 黃腸木. 품질이 좋은 나무. 2. 모든 나무의 으뜸이란 뜻의 소나무. 3. 큰 나무
145) 굵은 나무는 대톱으로 자르고, 가지는 소톱으로 처리했다.
146) 여러 사람이 힘을 합해 일을 함.
147) 赴役. 사사로이 서로 일을 도와줌.
148) 나무를 다스리는 목수는 비록 반듯하지 않은 나무라도 사용한다. 즉, 굽은 나무
　　는 굽(튀어나온 부분)을 다듬고, 잦은(곧은) 나무는 북쪽을 보고 자란 등이 아닌,
　　남쪽을 보고 자란 배를 다듬는다. 즉 배가 나온 곳을 처내서 제각기 적재적소에
　　쓴다.
149) 먹통에 들어 있는 실. 먹물을 묻혀서 곧게 금을 긋는 데 쓴다.

껌은 먹줄 달기나여150) 기동으로 다 다담아151)(여)

청룡 등을 터를 닦아 네모 반 듯 닦아내여152)

호박주치153)도리154) 기동 자작155)으로 서왔네

자작으로 서완 집(으나/은) 개개연못 걸었네

개개연못156) 걸은 집(으나/은) 가는 석가래157) 걸었네

가는 석가래 걸은 집(으나/은) 차차로158) 산자159) 엮어

오색황토 알매160)처161)여 초가집(아가집)162)을 이깃네

초가집(아가집)을 이긴 집(으나/은) 장작문을 달았구나

장작문을 달안 집은 토역163)으로 나리와(여)164)

(초가집(아가집)을 이긴 집은 토역으로 나리와여)

---

150) 검은 먹줄을 촘촘하게 놓는다.
151) 기둥으로 다(모두) 다듬어.
152) 청룡을 닮은 산 능선 끝에 네모 모양으로 터를 닦아.
153) 호박돌 주춧돌. 호박돌은 둥근 돌에 구멍을 뚫어 줄을 매어, 주춧 자리를 다질 때 쓰는 돌.
154) 집을 세울 때, 들보와 직각으로 기둥과 기둥을 건너서 위에 얹는 나무. '도리'는 보의 직각 방향으로 놓이는 길다란 횡 가구재로서 기둥 위에 놓이는 각종의 가구 부재 중 가장 위에 놓여 지붕 하중을 직접 받는 부재이다. 위치에 따라 종도리(宗道里)·중도리(中道里)·주심도리(柱心道里)·내목도리(內目道里)·외목도리(外目道里) 등으로 구분된다.
155) 송문창 선생의 구술 증언에 의하면 '자작'은 '방향(方向)'이라 한다.
156) 연목(椽木). 마룻대에서 도리 또는 보에 걸쳐 지른 나무. 경사에 따라 도리에서부터 처마 끝까지 건너지른 나무.
157) 서까래(표준어). 지붕 판을 만들고 추녀를 구성하는 가늘고 긴 각재. 서까래의 한자 표현이 연목(椽木, 서까래 용도의 재목을 말할 때도 있음).
158) '차차(次次)'를 강조하여 이르는 말. 유의의(점점, 점차, 차츰). 정도나 상태가 일정한 방향으로 조금씩 진행되어 가는 모양을 나타내는 말.
159) 撒子. 지붕 서까래 위나 고물 위에 흙을 받쳐 기와를 잇기 위하여 나뭇(싸릿)개비, 나뭇개비(또는 수수깡 따위를 가로 펴서 가는 새끼로 엮어 댄 것).
160) 산자 위에 얹는 흙.
161) 펼 처. 攎. 넓게 깔거나 벌임.
162) 기와집(아가 기와. 와가 기와).
163) 土役. 흙을 이기거나 바르는 등의 흙을 다루는 일.
164) 일하러 와여. 부역으로 와여.

요빅 조빅[165]아 붙인 잎은[166] 역력하기도 기릿네[167]

역력하게 이긴 집은 장작문을 달았구나

입춘하고는 대길이요 견문하니 다경이라[168]

대목치장 꼴짝세[169] 삼백신 돌금[170] 통장갓[171]

대목치장[172] 고만하고 주인아 치장(단장)[173] 해보세

이 집에 아들 팔형제(요) 딸형제 사형제(라)

한 서당에 글을 배와 과개하게 해볼씨소

부모는 천년수요 자손은 만년수라

천년세월아 인정수요 춘망경군에 봉망가라[174]

자손아 치장 고만하고 의복단장 해보세(해봅시다)

오색가지가 당사실[175]에 난갑사[176] 접채매[177]

---

165) 이 벽 저 벽.

166) 짚을 쓸어 넣은 찰흙을 물과 이긴 것을 지칭함.

167) 예쁘게도 발랐네.

168) 입춘대길 건양다경 (立春大吉 建陽多慶). 봄이 시작되니 크게 길하고 경사스러운 일이 많이 생기기를 기원합니다.

169) 나무를 연결하는 쇠. 꺽쇠.

170) 말총 삼백쉰(350)개가 돌아가며 금이 나 있다.

171) 송문창 선생의 구술 증언에 의하면 '사람이 쓰는 갓' 이라 한다.

172) (어떤 사람이 다른 사람이나 사물을)매만져서 곱게 꾸미거나 모양을 내다.

173) 예쁘게 치장함.

174) 천중세월인증수(天增歲月人增壽) 춘만건곤복만가(春滿乾坤福滿家). 하늘은 세월을 늘리는데 사람은 수명을 늘리고, 봄은 온 천지에 꽉 찼는데 복은 집집마다 가득하네.

175) 예전에, 중국에서 들여온 명주실을 이르던 말. 한나라 구회에게 어떤 사람이 말하 길 "나는 옛적 삼려대부인데 그대가 나를 위하여 제사를 지내주는 것은 감사한 일이나, 그 제물을 항상 문룡이 빼앗아 먹어서 얻어먹지를 못하니 만일, 제를 지내주려거든 오동나무 잎으로 제물을 싸고 오색 당사실로 매어서 주었으면 좋겠다."라고 하고 홀연히 사라졌다고 하는 글이 있다.

176) 노란 갑사. 갑사란 '견직물의 하나로 명주실로 얇게 짠, 품질이 좋은 옷감이다. 일반 가정에서는 여자의 치마저고리, 댕기 등에 쓰인다.

177) 겹치마. 안감을 받쳐 겹으로 지은 치마.

수수비단[178]에 접저고리[179] 맵시 있게도 차렸네

의복단장 고만하고 머리(나)단장 해보자

구름아 같이 흩은 머리 물결같이 흘러 빗어[180]

이웃 타라 옳쿼 얹어[181] 뒤에는 큰 봉창[182]

머리야 단장 그만하고 일 년액이나 막아주자

성주풀이

– 2002년, 2010년 소리녹음 –

어 허루 지신 아 지신을 밟자 성주 님

좌 우로 살피오니 성주 양반 어데 갔소
(사방 으로 돌라 보니)

모 시오자 모시 와요 성주 양반을 모시 와

성주 양반 오기 전에 집칠 이 나 하여 보소

---

178) 쑥색 비단(푸른 색의 비단).
179) 접저고리.
180) 구름같이 머리카락이 흐트러져 있으면, 보통 물에 담궈서 씻게 되는데, 이때 '초리하게 예뻐진다'라는 뜻.
181) 비녀를 지르기 위해, 손가락으로 모양을 만들어 머리칼을 돌리는 행위.
182) 양쪽 사방으로 비녀자리를 만들려고 구멍이 터져 있으니, '큰 봉창 모양 같다'라는 표현임.

호 박 주 치 도 리 기 둥 자 작 으 로__ 서 왔 네

자 작 으 로 서 완 집(으 나) 개 개 연 못 걸 었 네

개 개 연 못 걸 은 집(으 나) 가 는 석 가 래 걸 었 네

가 는 석 가 래 걸 은 집(으 나) 차 차 로 산 자 엮 어

오 색 황 토 알 매 처 여 초 가 집 을 이 깄 네
(아 가)

초 가 집 을 이 긴 집(으 나) 장 작 문 을 달 았 구 나
(아 가)

장 작 문 을 달 안 집 은 토 역 으 로__ 나 리 와(여)

요 빅 조 빅 아 붙 인 잎 은 역 역 하 기 도 기 릿 네

입 춘 하 고 는 대 길 이 요 건 문 하 니__ 다 경 이 라

의 복 단 장 고 만 하 고   머 리 단 장 해 보 자

구 름 아 같 이 흩 은 머 리   물 결 같 이___ 흘 러 빗 어

이 웃 타 라 올 퀴 없 어   뒤 에 는___ 큰 봉 창

머 리 야 단 장 그 만 하 고   일 년 액 이 나 막 아 주 자

3. 살풀이

① 정의(定義)와 개설(槪說)

'성주풀이' 中 '의복치장'이 모두 끝이 나면, 이어서 바로 '살풀이'가 연속해서 실시되는데, '살풀이'의 본래의 뜻은 말뜻 그대로 "살을 푼다."는 의미이며, 맺힌 한(恨)[183]을 풀고 극복하여 '흥'의 경지에 나아감을 뜻한다. 사람을 해치거나 물건을 깨뜨리는 모질고 독한 귀신의 기운인 원한(怨恨)이나 살(煞)[184]을 풀고, 맺힌 일년 액

---

183) 욕구나 의지의 좌절과 그에 따르는 삶의 파국, 또는 삶 그 자체의 파국 등과 그에 처하는 편집적이고 강박적인 마음의 자세와 상처가 의식·무의식적으로 얽힌 복합체. 원한(怨恨)과 유사한 말로 쓰이기도 한다.
184) 사람이나 생물·물건 등을 해치는 모진 기운. 한국의 무(巫)에서 살은 하위신령인 잡귀잡신(雜鬼雜神)의 일종으로 형성되기 직전의 어떤 흉악한 기운으로 이해된다.

(厄)185)을 풀어버린다는 뜻으로, 살(煞)과 액(厄)을 풀기 위하여 행하는 민속의례(民俗儀禮)이면서 무속의례(巫俗儀禮)인 것이다. 이 이름은 지역에 따라 '살풀이', '일년 액살풀이', '12달 살풀이', '액살풀이', '액풀이', '도살풀이', '동살풀이', '푸살', '액막이', '달거리 액풀이' 등으로 불린다.

19세기말 난곡(蘭谷)이 펴낸 『무당내력(巫堂來歷)』에 오방신장(五方神將)186)이 일체의 사귀(私鬼)187)와 잡신(雜神)188)과 제반 살격(殺格)을 제거해 준다고 하는 서술이 있는 것으로 보아, 조선조말에 이미 살을 하나의 격(格)으로 파악하고 있었음을 알 수 있다. 또한 중국의 음운서인 『집운(集韻)』에는 "살을 殺(살)이라 하고 殺(살)은 또 煞(살)이라 한다." 하였다. 즉 두 살이 원래 상통함을 일러준다. 살에 관한 중국의 이런 관념들은 풍수지리(風水地理)와 도교(Taoism, 道教)189)가 우리나라에 도입되면서 적절히 소화·신앙된 것으로 여겨진다. 그것은 대개 고려 초의 일로 추정된다.

---

185) 재액이나 고통, 병고 따위의 모질고 사나운 운수를 말한다.
186) 동·서·남·북·중앙 다섯 방위를 관장하는 신장. 오방신장이 상징적인 동물로 등장할 경우에는 흔히 방위를 상징하는 색채와 결부되는 것이 흔하다. 주작(朱雀)·백호(白虎)·현무(玄武)·청룡(青龍)이 곧 그러한 사례이다. 오방을 지킨다는 장군도 동의 청제(青帝), 서의 백제(白帝), 남의 적제(赤帝), 북의 흑제(黑帝), 중앙의 황제(黃帝)로 나타나며, 『악학궤범(樂學軌範)』이나 현재의 처용무(處容舞)를 보면, 오방처용(五方處容)이 나타나서 동서남북의 오방잡귀를 쫓고 있다.
187) 요사스러운 귀신.
188) 온갖 잡스러운 귀신.
189) 신선사상을 기반으로 자연 발생하여, 거기에 노장사상·유교·불교 그리고 통속적인 여러 신앙 요소들을 받아 들여 형성된 종교.

한국에 수용된 살 개념은 조선조를 거치면서 크게 세 영역에서 나름대로 전개되어 오늘에 이른다. 무(巫)에서의 살(煞) 개념, 풍수지리의 살(殺) 개념, 그리고 민간의 일반적인 살(煞) 개념이 그것이다. 살(煞)은 민간신앙에서 사람을 죽일 수 있는 독기로 구체적인 형상을 하고 있지 않다. 다만, "살이 간다.", "살이 낀다.", "살이 붙다.", "급살 맞다." 등의 용례로 보아 살(煞)이 인지되고 있음을 확인할 수 있다. 살 개념은 오늘날 풍수지리나 무(巫)의 굿 및 치성(致誠)[190]에서 아직 통용된다. 그러나 민간의 살(煞) 개념이 담긴 '당정마을 지신밟기'의 '살풀이'는 이제 별로 사용되지 않는다. 이는 한국사회가 서양화·산업화되고 서양식 합리주의가 교육·보편화되면서 그런 개념은 비합리적인 것으로 점차 치부(置簿)[191]하여 버린 것이다.

'살풀이'는 병이 생겨 치료하는 '푸닥거리'[192]와 구별되는데, 원칙적으로 '살풀이'는 운이 좋지 않은 경우, 병이나 구체적인 것을 고치기 위한 것이 아니고 예방에 가깝다. 구체적으로 환자가 생겨서 병을 치료하는 주술의례(呪術儀禮)는 '푸닥거리'이고, 잡귀의 침입을 미리 막고자 하거나 예방성이 강한 것이 '살풀이'이다. 즉, 살다 보면 겪게 되는 불행한 일들이 액살(厄煞)[193]인데 운명적으로

---

190) 신적 대상에게 자기의 소원이 이루어지기를 바라며 정성을 다하여 빎.
191) 마음속으로 어떠하다고 여김.
192) 무당이 부정이나 살을 풀기 위해 간단하게 음식을 차려놓고 하는 굿.
193) 토속 신앙에서, 사람에게 불행이나 재앙을 끼친다는 나쁜 운수와 기운.

타고난 불행인 신살(神殺)[194]에 비춰 미리미리 조심하면 예방할 수 있는 후천의 액운(厄運)[195]인 것이다. 또한, 무당들이 굿을 할 때 행하던 춤 가운데 하나로 살(煞), 즉 액(厄)을 풀어서 없게 한다는 뜻으로 재앙을 막기 위한 수단으로, 가볍고 부드러운 천을 들고 공중에 날리며 추는 춤인 살풀이(살풀이춤)[196]이나, 충청남도 및 전라북도 무가에 쓰이는 것으로 3소박 느린 4박자(8분의 12박자)의 살풀이장단[197]과도 다르다.

이처럼 '당정마을 지신밟기'의 '살풀이'는 현실의 액운(厄運)을 물리쳐 모질고 사나운 운수에서 벗어나 행복하기를 바라는 노래(사설)와 풍물(風物)이 복합적으로 담긴 기원(祈願) 의식(儀式)이다. 한해 내내 집안의 화목(和睦)과 태평(太平)을 비는 축원(祝願)의 의미가 담겨있다. 즉, 무병장수(無病長壽)와 집안의 안녕(安寧), 즉 복

194) 살이 담긴 별. 태어난 생일의 천간오행을 4주의 지지와 비교하여 담고 있는 운명으로, 겁살·재살·천살·년살·월살·망신살·장성살·반안살·역마살·육해살·화개살이 있다.
195) 모질고 사나운 고난이나 곤란함 따위를 당할 운명.
196) 살풀이 장단에 맞추어 수건을 들고 추는 춤. 춤의 명칭은 1903년 춤꾼 한성준이 명명한 데에서 유래했다. 한국춤의 즉흥성을 가장 많이 살려낼 수 있는 춤으로, 춤추는 사람에 따라 다양한 움직임으로 구사된다. 경기지방과 호남지방에서 계승된 춤으로 알려져 있으며, 일제강점기 굿이 금지되자 일부 무당 집단에서 춤을 다듬으면서 예술성을 갖추게 되었다.
197) 무속음악에 주로 쓰이는 장단. 살풀이·자진살풀이·도살풀이·동살풀이 등으로 불리며 약간의 차이가 있다. 무가에서 '살풀이'가 중심이 되는 지역을 시나위권이라 하며 한강 이남지방에서 특히 발달했다. 시나위권의 음악은 유형에 따라서 경기도 남부지역, 충청남도와 전라북도 지역, 전라남도 지역 등 3지역으로 나눌 수 있다. 경기도 남부 지역의 살풀이는 '도살풀이'라 부르고, 충청남도와 전라북도 지역에서는 '살풀이'라 부르며, 전라남도에서는 '동살풀이'라고 부른다. '살풀이장단'은 3분박 조금 느린 4박자 즉 12/8박자이고, '도살풀이장단'은 6/4박자, '동살풀이장단'은 4/4박자이다.

을 기원하는 심리는 누구에게나 있는 것이기에 신분의 귀천에 관계없이 모두가 지신밟기를 즐겼던 것으로 보인다. 한 해가 시작되는 달이 정월이기에 이때에 모든 액(厄)을 물리치고 일 년 동안 좋은 일만 있기를 바라는 원초적인 바람이 담겨 있는 것이다. 사설은 주로 각 행이 4음보의 운율로 되어 있으며, 선소리꾼이 1행의 사설을 노래하면 풍물(風物)꾼들이 자진모리 2장단을 후렴(後斂)처럼 받아친다.

② 사설

정월이라 대보름날 마월살[198])을 거다주고(막아주고)

이월이라 한식날[199]) 한식살[200])을 거다줘(막아주고)

삼월이라 삼짓날[201]) 연자살[202])을 거다줘(막아주고)

사월이라 초파일[203])에 관청살[204])을 거다줘(막아주고)

---

198) 망월살. 만월(滿月)살. 달이 차오르는 정월 대보름달에 들게 되는 잡귀잡신.
199) 동지부터 105일째 되는 날이다. 설날·단오·추석과 함께 4대 명절의 하나로, 음력 2월 또는 3월에 든다. 고대의 종교적 의미로 매년 봄에 나라에서 새불(新火)을 만들어 쓸 때 그에 앞서 어느 기간 동안 묵은 불(舊火)을 일절 금단하던 예속(禮俗)에서 유래한 것으로 보기도 하고, 중국의 옛 풍속으로 이날은 풍우가 심하여 불을 금하고 찬밥을 먹는 습관 등에서 그 유래를 찾기도 한다.
200) 한식날에 들게 되는 잡귀잡신.
201) 삼짇날 또는 삼월 삼짇날, 상사(上巳), 중삼(重三)은 음력 삼월 초사흗날이다. 한국을 비롯한 동아시아의 명절이다. 이날이 되면 강남 갔던 제비가 다시 돌아온다고 한다. 삼짇날에는 주로 화전(花煎)을 먹는 풍습이 있다.
202) 송문창 선생의 구술 증언에 의하면, 연자는 제비를 뜻하며 제비가 봄이 되어 물어오는 잡귀를 뜻한다. 연자초리(제비초리, 두발 형태의 하나로 뒤통수 부분으로 뾰쪽하게 내밀어진 머리털의 모양)가 다치는 것을 뜻하기도 한다.
203) 석가모니의 탄생일. 음력 4월 8일로 사월 초파일 또는 석가탄신일이라고도 한다. 불교의 기념일 중 가장 큰 명절이다.
204) 관재살(官災煞). 관청으로부터 재앙을 받을 운수.

오월이라 단오날[205]에 주천살[206]을 거다줘(막아주고)

유월이라 유둣날[207] 유옥간장[208] 다 막아여

칠월이라 칠석날[209]에는 오작교 머리를 막아줘

팔월이라 십오일[210] 이집 가산[211]을 모시어

구월이라 구일날[212] 구월(일)제[213]를 모시어

시월이라 상달[214]에 이집 성주(를) 모시보서

동지섣달[215]아 설한풍[216]에 망고살[217]을 다 막아

막아주자 막아주자 화재살[218]을 막아줘

막아주자 막아주자 관재살[219]을 막아줘

---

205) 수릿날·천중절·중오절·단양 등으로 불리는 한국의 명절 중 하나. 매년 음력 5월 5일이다. 옛날에는 약초를 캐고 창포를 문에 꽂아두는 등의 행동으로 재액을 예방하기 위한 날이었다.

206) 그네 뛰다 다치는 것.

207) 유두(流頭). 음력 6월 15일의 명절. 유둣날·소두(梳頭)·수두(水頭)·물마리·물맞이 등으로 불리기도 한다.

208) 온갖 잡생각과 고민이 많은 달이니, 그런 것을 막아 마음을 편안하게 하자는 뜻.

209) 음력 7월 7일. 중국 주나라에서 발생한 견우와 직녀 설화가 한국, 대만, 일본 등 동아시아 각국에서 전승되어 유래되었다.

210) 추석·가배·중추절·한가위. 한 해 농사를 끝내고 오곡을 수확하는 시기이므로 가장 풍성한 명절이다.

211) 가신(家神). 집을 지키며 집안의 운수를 좌우하는 신.

212) 중양절은 날짜와 달의 숫자가 겹치는 명절로서, 중구(重九)라고도 한다. 9는 원래 양수(陽數)이기 때문에 양수가 겹쳤다는 뜻으로 중양·중광(重光) 등이라고도 한다. 국화꽃으로 화전을 부쳐 잘 빚은 국화술 한잔을 나누어 먹은 날이다.

213) 구일제. 음력 9월 9일. '제삿밥 못 먹는 모든 귀신들의 잔칫날'이라는 뜻.

214) 시월상달. 햇곡식을 신에게 드리기에 가장 좋은 달이라는 뜻으로, '시월(十月)'을 예스럽게 이르는 말.

215) 음력으로 11월인 동짓달과 12월인 섣달을 아울러 이르는 말.

216) 雪寒風. 눈바람. 눈과 함께 휘몰아치는 차가운 바람.

217) 송문창 선생의 구술 증언에 의하면 여러 가지 온갖 것들이 모여 있는 살을 뜻한다. 亡姑煞. 집안의 여자를 잃을 운수를 뜻하기도 한다.

218) 禍災煞. 화재로 몸이나 재산의 피해를 입을 운수.

219) 官災煞. 관청살. 관청으로부터 재앙을 받을 운수. 수갑을 찬다, 부도가 난다, 소송이 걸리다, 이혼을 하다, 도둑을 맞다, 계획에 차질이 오다, 재수가 없다 등이 이에 속한다.

막아주자 막아주자 손재살[220]을 막아줘

잡구잡귀는 물러가고(물알로)[221] 만복은 일러로[222]

지게목발은 절(질)러로 진사급지는 일러로[223]

일 년하고 열두 달아 과연[224]하고 열석 달

삼백에(하고는) 육십 일 하루같이 넘어가소

에~ 그 집 좋다 좋고 좋고 좋구나

에~ 그 집 좋다 어루 화산아 지신아

살풀이(일년액풀이)

- 2010년 소리녹음 -

---

220) 損財煞. 돈이나 값나가는 물건 따위를 잃을 운수.
221) 물 아래로.
222) 이리로.
223) 지게 목발을 함부로 안 지게끔, 공부해서 장원급제하게 해 달라는 뜻.
224) 과년. 윤년(閏年)은 역법을 실제 태양년에 맞추기 위해 여분의 하루 또는 월(月)
    을 끼우는 해이다.

막아 주자 막아 주자 화 재살을 막아 줘

막아 주자 막아 주자 관재 살을 막아 줘

막아__ 주자 막아 주자 손 재살을 막아 줘

잡 구 잡 귀 는 물 러 가 고 만__ 복 은__ 일 러 로
(물 알 로)

일 년 하 고 열 두__ 달 아 과 연 하 고 열 석 달

삼 백 에(하고는) 육 십 일__ 하 루 같 이__ 넘 어 가 소

에 그 집 좋__ 다 어 루 화 산 아 지 신 아____

4. 조왕(정지)풀이

① 정의(定義)와 개설(槪說)

조왕(竈王)은 화신(火神)으로서 부엌을 관장하는 신이며 부엌의

길흉화복(吉凶禍福)[225]을 맡아보는 신이다. '조왕대감(竈王大監)', '조왕대신(竈王大神)', '조왕신(竈王神)', '조왕할머니', '부뚜막신', '조왕각시', '정지조왕', '지앙', '조왕새', '조앙각시' 등으로 지칭되는 여성신이다. 부인네들이 부엌을 항상 청결하게 유지하고 아궁이에서 불을 다룰 때 부정한 말을 하지 않으며 부뚜막에 걸터앉거나 다리를 올려놓지 않는 등의 풍습은 조왕신앙(竈王信仰)[226]에서 유래된 것이다.

우리 민족은 예로부터 불씨를 신성하게 여겨 불씨를 꺼뜨리지 않으려고 각별히 치성(致誠)을 드렸으며 부뚜막[227] 벽에 대(臺)를 만들어 그 위에 물을 담은 조왕보시기(조왕중발)[228]를 두어 조왕신(竈王神)을 모시는 풍습이 있었다. 조왕신앙(竈王信仰)의 풍습과 특징은 지역에 따라 조금씩 차이는 있으나 우리나라 전역에 퍼져 있다. 특히 남부지방에서는 조왕신(竈王神)이 가족의 질병과 액운을 막아주며 가운이 일어나도록 도와준다고 믿었기 때문에 부엌은 중요한 제사의 장소가 되었다.

우리나라의 전통 부엌에서 뺄 수 없는 부뚜막은 청동기시대 주거지에서도 발견된다. 청동기시대 수혈식 주거지의 노지(露地)[229]가

---

225) 좋은 일과 나쁜 일, 행복한 일과 불행한 일을 아울러 이르는 말.
226) 조왕신을 모시는 가신신앙.
227) 흙과 돌을 섞어 편평하게 만든, 아궁이 위에 솥을 걸어 두는 언저리.
228) 부엌 부뚜막에 물을 담은 종지를 놓아 조왕할미를 모시는 풍습.
229) 사방과 하늘을 지붕이나 벽 따위로 가리지 않은 자리.

중앙에서 벽 쪽으로 옮겨 가면서 움집의 공간 활용이 넓어졌고, 벽 쪽으로 불을 피울 수 있는 시설과 연기를 배출하는 시설을 만들면서 부뚜막이 출현한 것이다. 부뚜막 시설의 중심은 가마솥(釜)이다. 부뚜막이나 부엌이라는 말은 모두 솥 부(釜) 자에서 기원한 것이다. 북쪽에서는 부엌과 방 사이에 벽이 없이 부뚜막과 방바닥이 한데 잇달린 곳을 정지라 하였다. 정지는 한자로 '정지(鼎只)', '정주(鼎廚)', '정조(鼎竈)' 등이라고 표기하여, 솥 정(鼎) 자에서 기원한 것임을 알 수 있다. 조선시대 『음운서』에 의하면 부(釜)가 설치된 대(臺)라는 의미에서 붓두막(釜臺, 竈臺)이라 불렸으며, 부(釜)가 설치된 건물이란 의미에서 부옥(釜屋)이라 불리다가 부뚜막과 부엌으로 각각 바뀐 것이라 한다. 청동기 시대에서 철기 시대에는 부뚜막 위나 옆에 조왕의 신체를 봉안한 것으로 보이며, 삼국 시대부터는 독립적인 정주 공간으로 부뚜막이 독립되어 조왕신(竈王神)을 섬겼을 가능성이 크다.

조왕신앙(竈王信仰)은 불교에서도 적극적으로 수용되었다. 불교에서 조왕(竈王)은 호법선신[230] 중의 하나로 인사를 관할하여 사람이 지은 업의 선악을 가려 화복을 주는 신으로 사찰의 조왕단에 모셔지기도 한다. 부엌은 가족의 건강을 위하여 음식을 만드는 공간으로 비유하자면 집안의 어머니에 해당한다.

'조왕풀이' 사설의 내용을 살펴보면 부엌세간의 하나인 조리와

---

230) 불법을 수호하는 신.

쪽박을 묘사하여 혹시 있을지 모를 부정한 것을 정화하였으며, 각 집안을 가난하게 혹은 부유하게 할 수 있는 힘을 가지고 있다고 믿었다. 또한 집안을 악령으로부터 보호해주기 때문에, 조왕신이 일시적으로 자리를 비우게 될 때 집안에 화가 미치기 쉽다고 생각하였는데 이에 집안의 재산을 지켜 달라며 가정의 풍요로움을 기원한다. 또한 시누이 갈등과 동서간의 모든 갈등을 없애고 가정의 화목(和睦)과 평안(平安)을 기원한다. 사설은 주로 각 행이 3음보와 4음보의 운율을 번갈아 사용하고 있으며, 선소리꾼이 1행의 사설을 노래하면 풍물(風物)꾼들이 자진모리 2장단을 후렴(後斂)처럼 받아 친다.

② 사설

눌루차 눌루차 조왕각시[231]를 눌루차

남방에도 조왕새[232](여나) 북방에도 조왕새

동방에도(나) 조왕새여 서방에도(나) 조왕새라

팔만아 강산아 조왕새 이 집 정재[233]로 다 나려[234](와여)

조왕아 각시야 뭐로 뭐로 불았노[235]

서말치로 불았나 닷말치로 불았나[236]

---

231) 조왕신(竈王神)의 다른 이름.
232) 조왕신(竈王神)의 다른 이름.
233) 정지. '부엌'의 방언.
234) 내려와.
235) 불렀느냐.
236) 송문창 선생의 구술 증언에 의하면, "예전에 밥을 하는 양을 말하며, 4 ~ 6식구가 밥을 지을 때는 서 말치로 주로 하고, 10식구가 넘어가면 보통 닷 말치로 밥을 하였다." 한다.

얄랑얄랑 조리237)질 몇 천석이나 이렀노

퐁당퐁당 쪽박238)질 몇 천석이나 퍼붓노

하나둘이 하는 동재239) 열수물이 다 잡숫소(고)240)

시누부 동서 사동서241)야 의논 있게 잘 사소242)

에~ 그 조왕 좋다 어루 화신아 지신아

조왕풀이

- 2010년 소리녹음 -

---

237) 筹籬. 쌀을 이는 데 쓰는 기구.

238) 작은 바가지.

239) 밥을 하는 것을 말함. 즉 밥 짓는 사람의 밥 짓는 행위를 뜻한다.

240) 물을 부어, 내가 넣은 만큼의 쌀의 양보다 더 많은 양의 쌀이 되어, 밥으로 먹을
수 있게끔 불어 달란 뜻. 여럿이 먹을 수 있도록 불어 달라는 뜻.

241) 사촌 동서.

242) 그 시절엔 부엌에 보통 여러 시누이와 동서간이 자리를 하는 경우가 많아 사이좋
게 지내게 해달란 뜻.

팔 만 아 강 산 아 조 왕 새___ 이 집 정 재 로 다 나 려

조 왕 아 각 시 야___ 뭐 로___ 뭐 로___ 불 았 노

서 말 치 로 불 았 나___ 닷 말 치 로___ 불 았 나

알 랑 알 랑 조 리 질 몇 천 석 이 나 이 렀 노

퐁 당 퐁 당 쪽 박 질 몇 천 석 이 나 퍼 붓 노

하 나 둘 이 하 는 동 재___ 열 수 물 이 다 잡 숫 소
(고)

시 누 부 동 서 사 동 서 야 의 논 있 게___ 잘 사 소

에~ 그 조 왕 좋___ 다___ 어 루 화 신 아 지 신 아

5. 용왕풀이

① 정의(定義)와 개설(槪說)

물은 자연 환경의 차이에 관계없이 인간 삶에서 없어서는 안 되는

생존 조건이다. 물을 관장하는 수신(水神)인 용왕(龍王)은 '당정마을'에서 가정과 마을을 돌보는 많은 신령 중의 하나로 인식되어져 왔다. 용(龍)의 순수 우리말인 '미르'는 그 어근이 '밀 -'로 이는 물(水)의 어원과 같다. 결국 용왕(龍王)은 물의 어원인 '미르'에 접미사 왕(王)이 붙어 '물의 으뜸'을 나타내는 것으로, 그 명칭 자체에서 물을 상징하고 있다.

수신(水神)으로서의 용(龍)은 자연현상을 마음대로 조화 부리는 존재로 신격화되었다. 진평왕 때는 용 그림을 그려놓고 비를 기다리는 '화룡제243)'를 지냈으며, 고려 헌종은 흙으로 용의 형상을 만들어 '토룡제'244)를 지냈다. 또, 조선시대에는 오해(五海)와 오강(五江)을 정하여 '용신제'를 지냈다는 기록도 보인다. 성호 이익의 『성호사설(星湖僿說)』245)에는 "용이 싸우면 비가 내리고, 독룡(毒龍)246)이 놀라면 벼락이 치고, 용이 화가 나면 홍수가 난다."라는 부분도 있다.

---

243) 조선시대 용 그림을 그려놓고 비가 내리기를 기원하던 기우 의례.
244) 흙으로 용을 만들어 형상화하여 만들어진 용에게 지낸 기우 의례.
245) 30권 30책. 필사본으로 천지문·만물문·인사문·경사문·시문문의 5부분으로 분류되어 총 3,007항목의 글이 실려 있다. 천지문 223항목은 천문과 지리에 관해 서술했고 만물문 368항목에는 사물을 대하면서 평소에 생각했던 것들을 수록했다. 경사문 1,048 항목은 여러 고전과, 중국 및 우리나라의 역대 사서나 사실·인물·제도 등에 관하여 주석·논평한 것이다. 이 책은 성호의 학문과 사상을 연구하는 기본적인 자료임과 동시에 고대에서 조선 후기까지 중국과 우리나라의 정치·경제·사회·문화·지리·풍속·사상·역사 및 당시 전래된 서학과 풍물을 모두 망라하여 기록하여 백과사전적 전서로서의 가치를 지니고 있다.
246) 독기를 품은 용.

우물은 물을 얻기 위해 인위적으로 땅을 파서 물을 고이게 하는 시설로, 공동체생활을 하던 전통사회에서 사람들이 생활하는데 필수적인 식수와 생활용수를 공급해주던 실용적 목적의 설비이다. 따라서 공동우물을 함께 공유하며 생활했던 사람들에게는 가장 중요한 마을의 공간이 되는 곳이 우물이기도 했다. 그런데 우물은 이런 실용적인 측면에서 중요한 기능을 하는 장소였지만, 한편으로는 물과 관련된 다양한 신화적 상징성을 담은 신앙적 성소로 여겨지기도 했다. 그렇기에 우물과 관련해서는 여러 문헌기록이나 다양한 설화, 민속 등에서 중요한 신화적·민속적 표상을 지닌 채 전승되는 양상을 찾아볼 수 있다.

문헌 기록으로는 '옥저 여인국의 우물' [247] 기록을 비롯해 '백제의 흥망성쇠를 밝히는 우물' [248] 기록, '고려 왕건 신화와 관련 있는 대정(大井)' [249] 관련 기록 등을 들 수 있다. 그리고 설화로는 신라의 '박혁거세 신화' [250]나 고려의 '왕건 신화' [251] 등 건국신화를 비롯해 불가능한 상황에서 왕으로 등극하는 '원성대왕담' [252], 새롭게 세

---

247) '옥저에는 여인국이 있고 그 나라에는 우물이 있어 그 곳을 들여다보기만 해도 아이를 얻는다.' 는 기록.
248) '백제 시조 온조왕 25년 2월에 왕궁의 우물이 갑자기 넘쳤다' 는 기록과 '의자왕 5년(660년) 2월에 백제 서울의 우물이 핏빛으로 변했다' 는 기록으로 흥망성쇠를 점쳤다.
249) 개성 한우물(開城 大井)은 선의문(宣義門) 밖 11리에 있어 물이 솟아나오는데, 그 깊이가 2척 남짓하며, 봄·가을에 나라에서 제사를 지냈다 한다. 또한 가뭄을 만나면 기우제를 지냈다는 기록이 있다.
250) 알에서 나온 임금, 신라의 시조 박혁거세에 관한 신화.
251) 서해 용왕이 고려 태조 왕건의 아버지에게 먼 훗날 아들이 왕이 될 것을 예언한 것.
252) 원성대왕이 왕이 되기 전 우물로 들어가는 꿈을 꾸었고, 이 꿈이 곧 그가 왕이 될 존재임을 암시하는 이야기.

상을 열고자 변혁을 꿈꾸다 좌절하고 마는 '아기장수 설화' 253), 호국용이 깃든 '분황사 우물 설화' 254)와 '병을 고치는 우물물 이야기' 255) 등 폭넓고 다양한 설화가 전승되고 있음을 볼 수 있다.

물은 샘 또는 우물 안에 모이게 되고, 언제부터인가 용왕(龍王)인 용신(龍神)은 그 우물 안에 있다고 믿게 되었으며, 물을 관장하는 용신(龍神)에 대한 믿음은 집안 식구들의 수명장수(壽命長壽)256)를 기원하며, 더 나아가 수해(水害)나 가뭄(旱魃)을 입지 않고자 하는 바람으로 정월대보름에 물과 관련된 풍속(風俗)을 실시하게 된다. 근원적으로 용신신앙(龍神信仰)257)과 정수신앙(淨水信仰)258) 등과 관련되는 '샘물대기' 259), '용알 뜨기' 260), '당정마을 지신밟기' 中 '용왕풀이' 261) 가 바로 그것이다.

---

253) 신분이 미천한 집안에서 뛰어난 능력을 지니고 태어난 아기가 장차 역적이 될 것이라 하여 죽임을 당하는 내용의 비극적 설화로, 날개가 달린 아기장수의 용마가 우물에서 나왔다고 이야기하고 있어 세상의 변혁을 꿈꾸는 장소로도 우물이 중요하게 인식되고 있음을 볼 수 있다.
254) 나라를 보호해 주는 호국 룡의 기거처가 곧 우물로 나타나고 있음을 볼 수 있는 설화.
255) 우물이 등장하는 설화 중에서 가장 흔한 것으로는 불치의 병으로 고통을 받다가 우물물을 먹거나 바르거나 하여 그 병을 고쳤다고 하는 설화.
256) 수명이 길어 오래도록 삶.
257) 농경에 필요한 물과 기후를 조절하는 능력을 용이 지녔다고 믿었던 농경용신에 대한 신앙.
258) 물이 신성하다는 것은 성스럽고 신비로움을 상징하는 것으로 이해한 신앙.
259) 샘물이 잘 나오라고 기원하는 풍속의례. 일명 '샘물 타 오기' 라 한다.
260) 정월의 대보름날에 부인들이 닭이 울 때를 기다렸다가 서로 앞을 다투어 물을 길어 오던 풍속.
261) 물을 관장하는 용왕신을 모시는 의식으로, 복을 부르는 내용의 '덕담(德談)' 과 노래로 하는 '의례(儀禮)', 용왕을 위로하려는 뜻으로 하는 '풍물(風物)' 로 구성된다.

‘샘물대기’는 샘물이 잘 나오라고 하는 풍속으로, 우물이 있으나 물이 잘 나오지 않는 가정에서 정월 14일 밤에 물이 잘 나오는 다른 우물에 가서 물을 길어와 부으면서 빛 좋고 맛 좋은 물이 잘 나오기를 빈다는 내용으로 축원(祝願)하는 일명 ‘샘물 타 오기’이다. ‘용 알 뜨기’는 정월 대보름날에 첫닭이 울 때 아낙들이 제각기 먼저 서로 앞을 다투어 물을 길어 오던 풍속(또는 정화수를 뜨던 풍속)이다. 이는 전날 밤에 용이 내려와 우물 속에 알을 낳는데, 그 알이 들어 있는 물을 먼저 길어다 밥을 지으면 그해 자기 집 농사가 잘된다는 속신(俗信) 때문이라 한다.

  ‘당정마을 지신밟기’ 中 ‘용왕풀이’는 ‘정제(井祭)’, ‘용왕굿’, ‘우물풀이’, ‘우물굿’, ‘샘풀이’, ‘샘굿’, ‘샘제’, ‘샘고사 샘굿’, ‘우물제’, ‘정호제(井戶祭)’, ‘용수제(龍水祭)’, ‘우물고사’ 등으로 지칭되며, 마을에서 공동으로 사용하는 당(堂) 샘(당 우물)에 금(禁)줄을 친 후, 지신밟기패가 각각의 가정에 복을 부르는 내용의 덕담(德談)과 노래로 하는 의례(儀禮) 및 용왕(龍王)을 위로하는 풍물(風物)인 샘굿으로 이어지게 된다.

  이처럼 우물(샘물)의 정갈함과 무궁함을 빌기 위해 지내는 ‘용왕풀이’는 물 - 달 - 여성 등 음의 상징 원리로 풍농기원을 목적으로 하고 있다. 수리시설이 미흡할 때 자연에 의지하여 물을 섬기던 신앙이 발전해 의례(儀禮)로 정착된 것이라고 할 수 있겠으며 마을공동체를 중심으로 한 대동적인 성격을 바탕으로 전승되어 왔다. 용신(龍神)을 위함으로써 마을사람들 각 가정의 건강과 안녕(安寧)을 축원(祝願)하고자 하였으며, 물이 잘 나오게 해달라고 하거나, 건강을 위해 물을 깨끗이 정화해 주기를 비는 생명(生命)의 기원(起源)이 담겨있다.

②사설

눌루차 눌루차(어허루 지신아) 용왕님을 눌루차
동해바대 용왕님은 서해수를 땡기주고
남해바대 용왕님(으나/은) 북해수를 땡기줘
하늘에 옥황님요 물이나 콸콸 내라줘
열 두골 흐른 물을 한 고을을 쏟아져[262]
한 고을을 쏟아진 물을 용왕님께나 솟아들고[263]
밑에 물은 천년수요 우에 물은 만년수라
에~ 그 물 좋다 월떡 월떡[264] 다 잡소
어~ 어루 지신아 용왕님을 눌루세

---

262) 여러 갈래의 흐르는 물이 모두 한 마을에 한데 모여.
263) 한 마을로 모인 물이 우물(샘)로 모여서 솟아나.
264) 물을 목구멍으로 단번에 삼키는 소리를 나타내는 말. 벌컥벌컥.

용왕풀이

- 2010년 소리녹음 -

에~ 그 물 좋 다 월 떡 월 떡 다 잡 소

어 ~ 어 루 지 신 아 용 왕 님 을 눌 루 세

6. 노주 빛가리

① 정의(定義)와 개설(槪說)

'노주 빛가리' 에서 노주는 곡식 따위를 한데 수북이 쌓아 둔 노적(露積) 또는 노적(露積)가리를 지칭하며, 빛가리는 벼 낟가리라고 할 적의 그 가리 혹은 까리와 같은 것이라 여겨진다. 거두어들인 벼, 보리, 조는 탈곡(脫穀)[265]해서 섬[266]에 담거나 도정(搗精)[267]하여야 하는데, 한꺼번에 많이 거두어들인 곡식은 탈곡(脫穀)이나 도정(搗精)을 일시에 할 수가 없어 곡식나락을 노적(노적(露積)가리)으로 쌓아 보관하게 된다.

노적(露積)을 쌓을 때는 곡식알이 붙은 쪽을 안으로 하고 뿌리 부분을 바깥쪽으로 하여서 곡식 단을 포개어 원통형으로 2m 정도로 쌓고 그 위에는 비나 눈을 맞지 않게 삿갓 모양으로 엮은 덮개를 씌

---

265) 벼나 보리 따위의 이삭에서 낟알을 떨어냄.
266) 곡식을 담기 위해 짚으로 엮어서 만든 자루.
267) 낟알을 찧거나 쓿음.

위 장기간 두게 된다. 노적(露積)은 농가의 마당이나 광장에 쌓아 놓는다. 노적(露積)은 그해 안으로 모두 다 탈곡(脫穀)하여 버리는 것이 원칙이나 탈곡(脫穀)할 곡식이 많을 때에는 여러 해 묵히게 되는 수도 있다. 농업을 주산업으로 하던 옛날에는 한 집안의 부(富)를 곡식의 수량으로 평가했다. 백석꾼, 천석꾼, 만석꾼의 말이 그것이다.

또한 이런 노적(露積)가리를 탈곡하여 가마니[268] 등에 포장한 채로 보관할 수 있도록 축조한 큰 건물이 바로 곳간(곡간, 穀間)인데, 곳간은 가을에 거두어들인 곡식을 간수하기 위해 지은 창고를 말하며 규모가 크거나, 농기구 등의 각종 물건을 보관하는 창고의 경우에는 광이라고 한다. 이는 고방(庫房)과 같은 말이며 별도로 독립하여 있는 경우 곳집 또는 곳간채라 부르기도 한다.

우리나라 주택에 창고가 나타나는 것은 『삼국지위지동이전(三國志魏志東夷傳)』[269] 고구려조에 보이는 "집집마다 작은 창고가 있는데, 그것을 부경(桴京)[270]이라고 한다."는 기록에서 비롯된다. 그러

---

268) 짚으로 쳐서 주머니처럼 만들어 곡식이나 소금 따위를 담는 용기.
269) 『삼국지』는 〈위지〉 30권, 〈촉지(蜀志)〉 15권, 〈오지(吳志)〉 20권으로 되어 있으며, 〈위지〉 30권 중에 〈동이전(東夷傳)〉이 들어 있는데, 부여·고구려·동옥저(東沃沮)·읍루·예(濊)·마한(馬韓)·진한(辰韓)·변한(弁韓)·왜(倭) 등의 역사서이며 한민족(韓民族)을 비롯한 동방 민족에 관한 가장 오래 된 기록으로서 고대사(古代史)의 유일한 사료(史料)이다. 당시의 제천의식(祭天儀式)·가무(歌舞) 등에 관한 기록이 많이 있다.
270) 고구려 때에 집집마다 있던 작은 창고를 지칭하는데, 여기에 곡식·찬거리·소금 따위를 저장하였다.

나 창고는 농경생활이 시작되면서부터 수확한 곡물을 보관할 시설이 필요하였을 것이므로 삼국시대 이전부터 있었을 것이다.

『북사(北史)』[271] 백제 직관조에 경부(椋部)가 보이는데, 이것은 곳간과 저장을 맡아보던 부서로 추측된다.『삼국사기』신라 직관조에도 곳간과 저장을 맡아보던 '경부(椋部)'라는 부서가 있다. 이와 같은 고대의 곳간에 대하여『삼국지』와『삼국사기』등에 약간의 기록이 있으나, 그 세부구조와 사용재료에 관한 설명은 자세하지 않다. 다만, 원나라 때 왕정(王禎)이 지은『왕정농서(王禎農書)』[272]에 경(京)에 관한 설명이 나오는 것으로 미루어보아, 부경(桴京)은 네 모반듯한 평면의 공간을 뗏목 엮듯이 하는 기법에 따라 벽체가 구성되었으며, 지표로부터 떨어진 높이에 마루를 깔아 만든 곳간을 의미하는 것으로 해석된다. 경(京)이라는 곳집[273]은 지금도 경상도, 전라도, 경기도, 강원도 등의 지방에서 볼 수 있다.

『고려사(高麗史)』[274]에는 여러 기능으로 분화된 관설고(官設

271) 중국 위진남북조 시대 위(魏)·북제(北齊)·주(周)·수(隋) 4왕조의 역사를 다룬 정사(正史). 본기(本紀) 12권, 열전(列傳) 88권 합계 100권. 중국 24사(二十四史)의 하나로 당나라의 학자 이연수(李延壽)가 편찬했다. 열전에는 고구려·백제·신라에 관한 내용도 있다.

272) 중국의 남방과 북방에 있는 논밭의 생산 활동에 근거하여 쓴 책으로, 체제는 3부분으로 나뉜다.「농상통결(農桑通訣)」은 총론으로, 농본사상과 절기·지리조건·인력이 농업생산을 결정한다는 사상으로 일관되어 있다.
「백곡보(百穀譜)」는 농작물 재배이론이다.「농기도보(農器圖譜)」속의 306폭 그림은 대부분 농기구 실물묘사로서 많은 농기구가 지금도 사용되고 있다.

273) 물건을 쌓아 두거나 잘 보관하기 위하여 지은 집.

274) 1449년(세종 31)에 편찬하기 시작해 1451년(문종 원년)에 완성된 고려시대 역사서. 고려시대의 정치·경제·사회·문화·인물 등의 내용을 정리한 고려시대 역사연구의 기본 자료이다.

庫)275)가 상당히 많이 보인다. 이는 조선시대의 관설고(官設庫)와 일치하는 바가 많아서, 이미 물건의 수납이 복잡하게 분화되어 있었음을 짐작하게 한다.

조선시대의 곳간은 현재까지 남아있는 가옥으로 미루어보아 위치나 형태, 또는 기능 등을 파악할 수 있다. 곳간의 형식은 대략 가옥의 일부(주로 행랑채)를 칸막이해서 저장고로 사용하는 경우와 독립된 건물을 마당의 적당한 곳에 건립하는 경우이다. 가옥의 일부를 저장고로 사용하는 것에는 광 또는 고방이 있으며, 광은 본채에 위치하기도 하고, 따로 별채에 두기도 한다. 위치는 주택 내에서 주로 외진 곳이나 구석진 곳에 있다. 규모가 조금 큰 주택에서는 안방에 이어 위쪽에 상방을 두어 세간방으로 사용하였다.

'용왕풀이'를 마치고 나면, 곳간(庫間) 앞에 이동하게 되고 이어서 '곳간 지신풀이'인 '노주 빛가리'를 실시하게 된다. 이는 '곡간 지신풀이', '고방276)풀이', '고방굿', '도장풀이', '뒤주풀이', '창고풀이', '고방 대신풀이' 등으로 지칭된다.

곳간은 식량이나 물건 따위를 간직해 보관하는 곳으로 쌀이 쌓여 있는 곳이다. 즉 그 집안의 경제력이 모인 장소인 것이다. '노주 빛

---

275) 곡물을 비롯한 각종 물건을 넣어두는 고려시대부터 전승되고 있는 곳간.
276) 집안에 보관하기 어려운 각종 물품을 넣어 두기 위해서 집 바깥에 따로 만들어 두는 집채를 이르던 말. 주로 음식 재료나 각종 생활 용구, 쓰지 않는 세간 따위를 보관하였다.

가리'의 사설을 살펴보면 더욱더 많은 쌀이 모이길 기원하고, 더 많은 경제력을 갖고자 지신(地神)을 밟으며 제액구복(除厄求福)을 기원하고 있다. 사설은 주로 각 행이 3음보와 4음보의 운율을 번갈아 사용하고 있으며, 선소리꾼이 1행의 사설을 노래하면 풍물(風物)꾼들이 자진모리 2장단을 후렴(後斂)처럼 받아 친다.

② 사설

어허루 지신아 이 노주277)를 눌루차

(눌루차 눌루차 노주 빛가리278)를 눌루차)

앞으로 봐도 삼 천석에 뒤로 봐도 삼 천석279)

요 모르 봐도 삼 천석 저 모르 봐도 삼 천석

눌루차 눌루차 오 천석을 눌루차

밑에 곡석 싹이 나고 우에 곡석 쥐가 먹어

한 섬280) 먹으면 두 섬 붙고 두 섬 묵으면 너 섬 붙어

(눌루차 눌루차 천 석 만 석을 눌루차)

에~ 그 노주 좋다 어루 화산아 지신아

---

277) '노적'의 원래 이름. 곡식 따위를 한데 수북이 쌓아 둠. 또는 그 더미. 유의의(노적가리, 야적(野積)).

278) '노주'는 곡식 따위를 한데 수북이 쌓아 둔 노적(露積) 또는 노적(露積)가리를 지칭하며, '빛가리'는 벼 낟가리라고 할 적의 그 가리 혹은 까리와 같은 것이다.

279) 실제로는 얼마 되지 않는 노적(露積)이 불어서 삼천 석이 되도록 해달라는 뜻.

280) 한 석(한 섬)은 신라 때부터 쓰였으며 성인 한 사람의 1년간 소비량 또는 장정 한 사람이 짊어질 수 있는 양을 말한다. 한 섬은 용량 180리터로 곡식의 종류나 상태에 따라 무게가 달라지는데 벼는 200kg, 쌀은 144kg, 보리쌀은 138kg이다. 현재의 한섬은 10말이지만, 신라시대에는 15말이었으며 신라시대 부피의 단위인 섬(苫, 15말)에서 유래한 것이다. (1섬은 1말의 10배)

노주빛가리

- 2010년 소리녹음 -

달구벌 벽사진경 당정마을 지신밟기

7. 바동태

① 정의(定義)와 개설(槪說)

'바동태' 는 '방아동태' 의 준말이다. 즉 '방아' 와 '동태' 의 합성어로 여기서 동태(動態)는 어떤 대상의 움직이거나 변화해 가는 모양을 뜻하므로, '바동태' 는 방아가 움직이거나 변화해 가는 모습을 말한다. 즉 방아가 움직이는 모양이나 변화해 가는 모습을 볼 수 있는 공간으로 방앗간을 지칭한 것이다. 경상북도 구미시 선산읍 노상리에서 최용보 선생(1920년생)[281]이 불렀던 '구미 노상마을 지신밟기'의 '방아풀이'엔 "방애야 동태야 이 방애가 누 방엔고"라는 가사가 나오는데, '당정마을 지신밟기'의 '바동태' 의 가사 "눌루차 눌루차 방아동태를 눌루차"라는 가사와 유사성을 찾을 수 있다. '바동태' 와 유사한 지신풀이 용어로는 '방앗간 지신풀이', '방앗간풀이', '방아풀이' 등이 있다.

방앗간은 겉곡을 탈곡(脫穀)하는 방아시설이 있는 공간이다. 방아는 정착형(定着形) 농업사회의 형성과 더불어 사용되기 시작한 것으로 알려져 있다. 방아의 종류에는 물레방아[282]나 연자방아[283]

---

281) 구미 최용보 선생의 지신밟기 소리는 경상도 다른 지역의 소리처럼 정월에 집안 곳곳을 다니면서 풍장을 치고 사설을 노래하면서 축원을 한다. 다소 특이한 점은 산신굿·용왕굿·성주굿 등을 간략하게 발췌하여 연결한 점이다.
282) 물의 힘으로 바퀴를 돌려 곡식을 찧는 방아.
283) 연자매라고도 한다. 발동기가 없던 옛날에 말이나 소의 힘을 이용하여 한꺼번에 많은 곡식을 찧거나 빻는 데 사용하였다. 둥글고 판판한 돌판 위에 그보다 작고 둥근 돌을 옆으로 세워 얹어서, 이를 말이나 소가 끌어서 돌리도록 되어 있다. 옛날에는 마을마다 연자방아를 갖추어 놓고 공동으로 사용하였으나 지금은 거의 볼 수가 없다.

등이 있지만 '당정마을' 주거 내부에 설치되는 방아는 주로 디딜방아[284]였던 것으로 조사되었다. 물론, 디딜방아도 설치할 수 없었던 계층에서는 당시 절구[285]가 사용되었거나, 큰 집의 디딜방아를 빌려서 사용하였다 한다. 따라서 방앗간을 설치한 계층은 어느 정도 경제력이 있는 계층으로 인식되고 있다. 먹을 것과 마찬가지로 방앗간 또한 식량을 다루는 장소로서 중요하였다. 즉 '바동태'는 방앗간을 통하여 풍부한 식량의 지속적인 공급을 기원하고, 방아가 고장이 없도록 해달라고 기원하는 것이 주 내용인데, 때에 따라서는 대구 동구 공산동의 '공산농요' 中 '방아소리(타령)'[286] 사설의 일부를 차용하여, 디딜방아를 찧는 모습과 부모님의 은혜에 대해 다루기도 한다.

경상남도 창원시 마산회원구 내서읍에서 전승되어 온 '창원 내서 마을'의 '방앗간풀이'의 경우 '대구 당정마을'의 '바동태'처럼 각 가정마다 '지신풀이'를 하는 것이 아니라 마을의 방앗간에서 '지신풀이'를 한다는 점에서 차이가 있다.

---

284) 디딜방아는 발로 디뎌서 곡식을 찧거나 빻는 데 쓰는 농기구이다. 새총 모양인 굵은 나무의 한 끝에 공이를 끼우고, 두 갈래진 다른 양 끝을 발로 디디게 되어 있다. 한 사람이 딛는 방아를 외다리 디딜방아, 두 사람이 딛는 방아를 양다리 디딜방아라고 한다. 공이가 닿는 곳에 돌로 만든 방아확을 땅에 묻어 놓는다. 여기에 곡식을 집어넣고 디딜방아로 찧거나 빻는다.
285) 곡식을 빻거나 찧는 데 쓰는 용구. 통나무나 돌의 속을 파낸 구멍에 곡식을 넣고 절굿공이로 찧는다. 옛말로는 '절고'로 표기되었고, 지역에 따라 '도구통'·'도구'·'절기방아'라 부른다.
286) '공산농요(대구광역시 무형문화재 7호)'의 '방아소리(타령)'는 주로 논을 모두 메고 '칭칭이 소리'를 하면서 농사를 잘 지은 일꾼을 선발하여 괭이자루를 태우고 집으로 돌아와 주인집에서 술과 고기를 내어 흥겹게 놀면서 부르는 '농사뒤풀이 소리'이다.

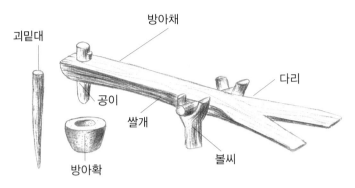

괴밑대

방아채

공이

다리

쌀개

볼씨

방아확

디딜방아의 구조와 명칭

　이렇게 식량을 공급하는 중요한 공간으로 인식되었기에 방앗간은 풍수로부터 좌향(坐向)[287]을 보아야 하며, 좋은 날을 받아 설치해야 하는 것으로 생각하였다. 또한 방아를 설치함에 있어서도 집 주위의 지형을 보아 방아의 위치가 결정되었다. 대목들은 방아 찧는 소리가 시끄럽기도 하지만, 방아 찧는 모습이 복을 찧는 것과 같기 때문에 방아를 설치할 때 신중해야 한다고 말한다.

　『고려사』[288]에 의하면 고려의 권신이었던 최충헌의 옆집에 궁중에 약을 조달하는 관서가 있었는데, 밤낮으로 약을 찧는 소리가 자신의 집으로 통하는 지맥을 끊는다고 하여 그 관서를 다른 곳으로 옮겼다고 한다. 즉, 방아질은 지동(地動)을 일으키고 이 지동은 지맥을 끊어 버리기 때문에 주변에 방앗간이 있으면 가세(家勢)가 일

---

287) 묘지나 집터 따위에서, 등진 방향과 정면으로 바라보이는 방향
288) 1449년(세종 31)에 편찬하기 시작해 1451년(문종 원년)에 완성된 고려시대 역사서. 고려시대의 정치·경제·사회·문화·인물 등의 내용을 기전체(紀傳體)로 정리한 관찬사서로 고려시대 역사연구의 기본 자료이다.

지 못한다고 여겼던 것이다. 또한 디딜방아의 생김새가 Y자 모양으로 인체와 유사하며, 방앗공이가 남자의 성기와 같고 방아확이 여자 성기와 같은 데서, 방아 찧는 행위는 남녀의 성교(性交)와 같은 행위로 유추되었다고 해석되기도 한다. 여하튼 방앗간이나 방아머리를 두는 방향은 오래 전부터 중요시되어 왔다.

② 사설

〈1〉

눌루차 눌루차 방아동태[289]를 눌루차

쿵덕쿵덕 디딜방아 둘이 찧는 디딜방아

하루 이틀 찧는 방아 몇 섬으로 찧었는고

추야장초[290] 찧는 방아 얼씨구나 잘나네

삼천석을 찧었나 오천석을 찧었나

한 달 두 달 찧는 방아 얼씨구도 잘한다.

쿵덕 쿵덕 찍은[291] 방아 천년석을 찧었노

이 방아는 팔자 좋아 사철로 찧어내네[292]

에~ 그 방앗간 좋다 어루 화산아 지신아

---

289) '방아' 와 '동태' 의 합성어로 여기서 동태(動態)는 어떤 대상의 움직이거나 변화해 가는 모양을 뜻하므로, '바동태' 는 방아가 움직이거나 변화해 가는 모습을 말한다. 즉 방아가 움직이는 모양이나 변화해 가는 모습을 볼 수 있는 공간으로 방앗간을 지칭한 것이다.
290) 주야장천(晝夜長川). 주야장초. 주야장천. 주구장창. 밤낮으로 쉬지 않고 계속하여.
291) 찧은.
292) 매일 찧는다.

〈2〉

어허루 화산아 지신아 방아동태를 눌루차

어떤 나무(남큰) 팔자 좋아 석산에(다) 돌았네[293]

석산에(서) 돋은 나무(돋아서) 방아목이 되었네[294]

둘이 찧는(쿵덕 쿵덕) 디딜방아 덜커덕 쿵덕 잘도 찧어(찧는 방아)

방아 찧는 치장[295]들아 방아품[296]을 알고 찧나

원가래는 서 돈 오 푼[297] 목가래는 두 돈 오 푼[298]

한 푼 두 푼 모아가주 부모공양 하여보세

우리 고향 풍년저서 추야장초[299] 찧는 방아

에~ 그 방아(방앗간) 좋다 어루 화산아 지신아

---

293) 땅 좋은 데 자란 나무가 아님에도 불구하고, 즉 돌 많은 산에 나무가 어렵게 자랐
    는데도 불구하고 잘 자랐다는 말. 예전에는 돌 사이에서 자라난 큰 Y자목을 주로
    '방아목'으로 사용하였음을 비유적으로 표현하였다.
294) 팔자가 좋아 좋게 잘 풀렸다.
295) 방아 찧는 사람들.
296) 사례비. 품삯.
297) 디딜방아를 찧을 때 '디딜방아의 Y자 모양의 갈래 끝에 올라서서 찧으면 힘을 받
    는다.' 라는 뜻임.
298) 디딜방아를 찧을 때 '1명이 더 추가적으로 도움을 주고자, 디딜방아의 중간 부분
    에 올라서서 찧어도 힘을 덜 받는다' 라는 뜻임.
299) 주야장천(晝夜長川). 주야장초. 주야장천. 주구장창. 밤낮으로 쉬지 않고 계속
    하여.

90

바동태

- 2010년 소리녹음 -

눌 루 차 눌 루 차 방 아 동 태 를 눌 루 차

쿵 덕 쿵 덕 디 딜 방 아 둘 이 찧 는 디 딜 방 아

하 루 이 틀 찧 는 방 아 몇 섬 으 로 찧 었 는 고

추 야 장 초 찧 는 방 아 얼 씨 구 나 잘 나 네

삼 천 석 을 찧 었 나 오 천 석 을 찧 었 나

한 달 두 달 찧 는 방 아 얼 씨 구 도 잘 한 다

에 그 방 앗 간 좋 다 어 루 화 산 아 지 신 아

8. 마대장구

① 정의(定義)와 개설(槪說)

'마대장구' [300]라 함은 마굿간 신(神)의 이름인 '마대장군'이며, 마구간에서 이루어지는 '지신풀이'를 '마대장군 모시기', '외양간 풀이', '마구간 풀이', '축사풀이', '마구간 지신풀이', '외양간 굿', '마구간 치는 굿', '가축우리 치는 굿' 등으로 지칭하게 된다.

이처럼 '마대장군 모시기'는 농사를 지을 때 가장 필요하고 귀중한 소를 공경하여 모시고 보호하는 풍속(風俗)이다. '마대장군'이란 소와 말을 키우는 마구간(외양간)을 지키는 신(神)으로, 이를 '우마신(牛馬神)', '외양간신', '마구간신', '축사신(畜舍神)' 등으로도 부른다. 예로부터 우리나라에서는 소를 가족처럼 소중하게 여겨 한 집에 사는 식구와 같은 뜻으로 생구(生口) [301]라 불렀으며, 또 소를 가장 존귀한 재물로 생각하였다. 이처럼 귀중한 소를 보호하기 위한 신(神)이 바로 외양간신이며, 소가 새끼를 낳았을 때 새끼에게 젖을 먹이지 않는 등의 문제가 생기면 곧바로 외양간신에게

---

300) 마대장군. 마굿간의 신(神)의 이름.
301) 우리나라에서 소를 가축으로 기르기 시작한 때는 2,000년 전쯤이다. 삼국사기에는 신라 지증왕(서기 502년) 때 소를 이용해 농사를 지었다는 기록이 나온다. 그 이후로 소는 농사를 주로 짓고 사는 우리에게 없어선 안 될 가축일 뿐 아니라, 교통과 운반 수단으로서도 큰 역할을 했다. 또한 소는 값이 비싸 재산으로도 큰 몫을 해 옛 사람들은 소를 '생구(生口)'라고 하였다. 즉 살아있는 입이란 뜻이다. 같이 밥을 먹고 사는 하인이나 종을 말하는데 가축 중에서는 유일하게 소를 생구(生口)라고 불렀다. 식구(食口)란 의미가 한솥밥을 먹는 가족을 뜻한다는 것을 보면, 소가 당시에 얼마나 소중한 존재였는지 간접적으로 알 수 있다.

의탁하여 해결하고자 하였다.

외양간신은 지방에 따라 여러 가지 모습을 갖고 나타난다. 여러 지방에서는 소가 해산할 때 외양간 입구에 금(禁)줄을 친다든가, 구능장군[302]이라 부르는 소의 삼신을 섬긴다든가, 쇠구영신[303] 등을 모셔서 소를 보호하고자 하였다. 또한 구유[304]는 풍요를 상징하기도 하여 집터가 구유 모양이면 좋다는 속설이 있으며, 구유에 글을 새겨 놓아 소에 잡귀가 들러붙지 않도록 예방하기도 했다.

마구(馬廐, 마구간, 외양간)는 소나 말을 사육하는 공간이다. 역사서의 기록으로 볼 때 농경, 정착 생활이 이루어진 철기시대부터 이미 소나 말은 가축으로 길들여져 인간의 주거 생활권에 포함되어 있었던 것으로 보여 진다. '안악 제3호 고분벽화'[305]에서도 주거 내에 가축 사육 공간을 둔 모습을 볼 수 있고, 신라의 '가사규제'[306]에서도 계층별로 마구의 규모를 제한하는 내용을 볼 수 있다. 당시의 상류계층에서는 교통수단으로서 말을 사육하는 일이 더 보편적

---

302) 구유를 인격화한 신. 소를 나쁜 기운으로부터 지키거나 집안의 풍요를 기원하는 신이다.
303) 농촌에서 가장 중요한 재산인 소를 수호하는 신.
304) 가축의 먹이를 담아 주는 그릇. 흔히 큰 나무토막이나 돌을 길쭉하게 파내어 만든다.
305) 북한의 역사학계에서는 고구려벽화고분 가운데 가장 규모가 큰 황해남도 안악의 제3호 벽화고분을 고구려 제21대 왕인 고국원왕의 무덤으로 추정하고 있다. 이 고분 내에는 우물, 부엌, 외양간 등과 함께 태권도 그림(수박희) 등이 그려져 있는 것으로 알려져 있다.
306) 조선시대에 신분의 높고 낮음에 따라 집의 규모를 제한한 제도로서 1431년(세종 13) 제정되었다.

이었을 것으로 여겨진다. 오늘날까지도 서민계층에서는 소를 키우는 우사(牛舍)를 흔히 마구(馬廐)라고 부르고 있다. 이것은 과거 상류계층의 축사가 말을 사육하기 위해 지어졌기 때문이라고 볼 수 있다.

지배계층인 상류계층에서 주로 말이 사육되었다면 생산자였던 서민계층에서는 주로 소가 사육되었을 것이라 짐작할 수 있다. 농경사회(農耕社會)에서 소는 주요한 생산수단이었기 때문이다. 그러나 소를 사육할 수 있는 계층도 상당히 제한적이었을 것으로 생각된다. 따라서 서민계층에서 마구(馬廐)의 존재는 어느 정도 계층성을 반영하게 된다. 소는 농사일에 사용되는 중요한 생산도구였을 뿐만 아니라 식량원이 되기도 하고 번식을 통해 재산 증식의 수단이 되기도 하였다. 민간신앙에서는 마구(馬廐)에 가축을 지키는 '마대장군'이 있다고 믿었으며, '당정마을 지신밟기'의 '마대장구' 노래에서 보여 지듯이 마구(馬廐)에서 사육되는 소나 말들이 왕성한 번식력으로 증식되고, 건강하게 지켜질 수 있도록 기원하고 있다.

마구(馬廐)는 가축으로서의 소를 사육하는 공간이기에 인간이 거주하는 공간과는 다르게 만들어져야 한다. 소의 활동에 적합하고 사육하기에 편리한 시설, 도난을 방지하기 위한 시설 등 특수한 공간의 규모와 형태가 요구되기 때문이다. 우선 마구(馬廐)의 규모는 소의 크기와 활동에 맞추어 인간의 거주공간보다 크게 설정된다고 한다. 대목들은 "마구의 규모가 최소한 반 칸은 되어야한다."고 설명한다. 한 칸을 8자로 본다면 최소한 12자 이상이 되어야 한다는 것이다. 소를 매어두는 곳도 커야 할뿐만 아니라 구유를 설치하고 사료를 줄 수 있는 공간이 필요하기 때문이다.

또한 토벽은 소뿔이나 충격에 약하기 때문에 벽체의 하부는 널벽으로 설치된다. 널벽은 빈지라고도 하는데, 나무 판지를 세로로 세워 만든 벽을 지칭한다. 널벽은 내구성뿐만 아니라 통기성도 좋기 때문에 악취를 내보내는 기능으로도 사용되었다고 한다. 특히 마구(馬廏)에서 소가 드나드는 문은 반드시 미닫이의 널문을 사용해야 한다고 대목들은 말한다. 여닫이문은 고삐 풀린 소가 쉽게 빠져나갈 수 있기 때문이라고 한다. 『임원경제지』307)에는 이러한 마구(馬廏)의 설치에 관하여 잘 설명되어 있다.

마구(馬廏)는 농가의 가장 중요한 재산으로 도난에 유의해야 하고 겨울철에는 난방이 필요한 공간이기에 방도(防盜)308)와 난방(暖房)이 중요시되는 집중형 주거에서는 살림채 안에 두는 방법이 오랫동안 지속되어 왔다. 그러나 마구(馬廏)에서 나는 악취와 해충 때문에 점차 부속채로 분리되는 모습을 보여 주고 있다. 분산형 주거

---

307) 조선 후기 실학자이자 『해동농서(海東農書)』를 지은 서호수의 아들인 서유구가 약 36년 동안(1806년-1842년) 저술한 농업 백과사전으로, 『임원십육지(林園十六志)』 또는 『임원경제십육지(林園經濟十六志)』라고도 한다. 총 113권 52책으로 구성돼 있으며, 16개의 부분으로 나뉜 논저로 구성되는 이 책은 실학파의 학문적 업적을 농정학적인 분야에서 체계화하고 총 정리하여 필사한 저술이다.
308) 도둑을 방지함.

에서는 이미 오래 전부터 분리되어 왔다. 따라서 살림채로부터 마구(馬廐)가 분리되는 지의 여부는 주거 유형의 지역성이나 시대성을 보여주는 중요한 요소라고 생각된다.

② 사설

어허루 지신아 마대장귀(마대장구)를 눌루차

마대야 장구야 뭐로 뭐로 불았노

암부리기를 불았나 숫부리기를 불았나[309]

산에 가마 산까시 들에 가마 들까시

막아주자 막아주자 산까시 들까시 막아줘[310]

에~ 그 마대 좋다 어루 화산아 지신아

마대장구

- 2010년 소리녹음 -

---

309) 암소가 불어났느냐? 수소가 불어났느냐?

310) 소가 풀을 먹을 때, 산의 가시나 들의 가시 등에 찔려서 흉터 안 나도록 막아달란 말임.

암부 리 기를 불 었 나___ 숫부 리 기 를 불었 나

산에 가마 산까 시___ 들에___ 가마 들까 시

막아 주자 막아 주 자 산까 시 들 까 시 막 아 줘

에~ 그 마 대 좋___ 다 어 루 화 산 아 지 신 아

9. 장독간

① 정의(定義)와 개설(概說)

　장독간(醬 - 間, 장독대, 醬 - 臺)이라 함은 장독 따위를 놓아두는 곳을 말하며, 독은 순수 우리말로 그릇의 형태를 일컫는 말로, 한자어로 옹(甕, 瓮)으로 쓸 수 있다. 이러한 독은 선사시대부터 만들어져 음식물을 저장하거나 시신을 넣는 관으로도 사용되어 왔고, 삼국시대에 들어와서는 생활에 더욱 긴요하게 사용되어 '고구려의 안악 3호분 고분벽화'에 크고 작은 독을 늘어놓은 장면이 있으며, 백제와 신라에서는 쌀이나 술, 기름과 간장, 젓갈 등을 저장하였다는 기록이 있다.

고려시대에는 12세기 전반에 송(宋)나라 서긍(徐兢)이 쓴 『선화봉사 고려도경(宣和奉使 高麗圖經)』[311]에 따르면, 쌀과 장을 저장하는 용기로 큰독을 사용하였으며, 과일이나 식초, 식수 저장용으로도 쓰였다고 한다. 조선 초기의 『경국대전』[312]에는 봉상시(奉常寺)[313] 등 14개 기관에 옹장(甕匠)[314]이 104명 있고, 각기 조역(助役) 2인이 있다 하였다. 성현(成俔)의 『용재총화 慵齋叢話』[315]에서는 "사람에게 소용되는 것으로 도기(陶器)[316]는 가장 필요한 그릇이다. 지금의 마포, 노량진 등지에서는 진흙 굽는 것을 업으로 삼으며 이는 질그릇 항아리, 독 종류이다"라고 하여 생활용기로써 독의 중요성을 말하고 있다. 이처럼 독은 선사시대부터 생활에 긴요하게 사용되었음을 알 수 있다.

---

311) 1123년(인종 1)에 송나라 사절의 한 사람으로 고려에 왔던 서긍이 지은 책. 전 40권. 28문, 300여 항으로 되어 있다. 보통 줄여서 『고려도경』이라 부른다. 서긍이 1123년에 송나라 휘종의 명을 받고 사신 노윤적을 따라 고려에 와서 1개월 남짓 머물면서 견문한 고려의 여러 가지 실정을 그림을 곁들여 설명한 책이다.

312) 조선 건국 초의 법전인 『경제육전(經濟六典)』의 원전(原典)과 속전(續典), 그리고 그 뒤의 법령을 종합해 만든 조선시대 두 번째 통일 법전.

313) 조선시대 관청. 1392년(태조 1) 고려시대의 제도를 따라 설치하여 국가의 제사와 시호 등의 일을 맡아 보게 했다. 관원으로 판사 2명, 경 2명, 소경 2명, 승 1명, 박사 2명, 협률랑 2명, 대축 2명, 녹사 2명을 두었다. 1409년(태종 9) 이름을 전사시로 고쳤다가 1421년(세종 3) 본래대로 바꾸었고, 판사 이하의 전관원은 문관을 임명하도록 했다.

314) 조선시대 문헌에서 '甕匠 또는 瓮匠'으로 기재되었다. 옹장의 직무는 관수용과 민수용의 옹기를 제작하는 것이다. 주로 저장용의 각종 항아리와 병 등과 음식기명인 완(盌), 발(鉢) 등을 제작하였다.

315) 조선 초기의 문신 성현(成俔, 1439~1504)이 지은 잡록. 10권. 분량은 많지 않으나 기록한 내용이 다양하므로 '총화'라는 제목을 붙였다. 고려 때부터 조선 성종에 이르기까지의 민속이나 문학에 대한 논의가 많은 비중을 차지하고 있다. 그밖에 역사·지리·종교·학문·음악·서화·문물제도 등을 다루고 있어 당시 각 분야의 상황을 이해하는 데 많은 도움을 준다.

316) 도토(陶土), 즉 진흙을 재료로 하여 질그릇 가마(陶窯)에서 구워낸 그릇.

옹(甕, 瓮)은 단순히 그릇의 형태로 독을 말하는 것이 아니라 황갈색의 유약(釉藥)[317]을 입힌 질그릇을 총칭하는 것으로 독을 비롯하여 소래기[318], 단지, 식초병, 시루[319], 거름통[320], 약탕기(藥湯器)[321] 등의 생활용기들을 말하는 것으로, 형태로서의 독과 구분된다. 황갈색의 유약을 입힌 옹기는 현재까지 15~16세기의 분청자(粉靑瓷)[322]와 백자(白磁)[323] 가마터에서 발견된 바 없으나 17세기의 철화백자(鐵畵白磁)[324] 가마터인 담양 용연리, 대전 정생동 요지에서 발견되고 있어 임진왜란·병자호란 이후 새로운 사회 변화에 따라 종래의 질그릇(도기) 표면에 약토(藥土)를 입힌 옹기가 만들어지기 시작하였던 것으로 보인다.

---

317) 도자기의 바탕에 액체나 기체가 스며드는 것을 방지하고, 광택과 아름다움을 주는 효과의 잿물.

318) 굽 없는 접시 모양에 깊이가 약간 있는 넓은 질그릇.

319) 솥 위에 올려놓고 떡·쌀 등을 찌는 데 쓰는 둥근 그릇.

320) 거름을 운반하는 데 쓰는 용구. 오줌통, 망우통, 나무똥통, 질통, 밀통, 소매통 등으로 불린다.

321) 약을 달이는 데 쓰는 의료용 그릇으로 약을 따르는 주둥이(注口)가 있는 것은 일반 약탕기와 구분하여 약탕관(藥湯罐)이라 한다.

322) 청자 그릇에 하얀 분칠을 했기 때문에 '분청자'라고 한다.

323) 백토(白土)로 만든 형태 위에 무색, 투명의 유약을 입혀 1,300℃~1,350℃ 정도에서 환원염으로 구워낸 자기의 일종.

324) 백토 만든 그릇을 초벌구이를 한 후 산화철 안료로 무늬를 그리고 백자 유약을 입혀 번조한 것으로 문양은 다갈색이나 흑갈색으로 나타나는데 본래는 석간주라 했다. 철분안료로 도자기 무늬를 그린 것은 고려시대부터이며 조선시대의 분청사기와 백자로 이어져 조선 말기까지 폭넓게 사용되었다. '철화백자'의 시작은 '청화백자'가 한국적으로 정착된 1450년 이후부터인 것으로 보인다. 본격적인 생산이 이루어진 것은 17세기로, 독자적 위치로 발전하여 한국적인 정취와 길상적인 분위기를 나타내게 되었다. '철화백자'의 문양과 구도는 추상적이고 대담하면서도 생략적인 특징을 계승하고 있다. '철화백자'를 많이 생산한 경기도 광주시 일대의 조선 중기 요지를 비롯하여 북한산록·용인·천안·괴산·철원 등이 알려져 있다.

이러한 옹(甕, 瓮)은 18~19세기를 거치면서 당시 사회의 요구에 따라 국민들의 생활에 급속하게 확산되어 일상생활에 긴요하게 쓰였으며, 지역에 따라 형태나 무늬도 다양하게 발전하였다. 이처럼 옹(甕, 瓮)의 역사는 음식 보관의 역사와 함께하고 있으며, 채집과 농경사회를 거치면서 잉여 곡식과 부식을 저장하기 위한 방법이 필요했는데, 수분을 증발시켜 건조하는 방법에서 소금에 절이고 발효시키는 저장법으로 발전함에 따라 함께 발전하였을 것이다.

장독간(醬 - 間, 장독대, 醬 - 臺)은 장독이나 항아리 등을 놓기 위해 부엌 뒷문에서 가까운 뒤꼍에 배치하는 경우가 많다. 이에 마련되는 장소는 안채의 배치 형태에 따라 안채의 뒤쪽이 되기도 하고, 옆이 되기도 하는데, 주부가 주로 이용하기 때문에 부엌에서 가까운 곳에 위치한다. 그러나 뒤꼍이 넉넉하지 못한 집들에서는 부엌 앞쪽 마당에 장독간(醬 - 間, 장독대, 醬 - 臺)을 두기도 한다. 대부분의 장독간은 볕이 잘 드는 동쪽으로 배수가 잘되도록 평지보다 약간 높은 곳에 만드는데, 지면에서 20~30㎝ 정도 높이로 호박돌과 자갈을 깔고 그 위에 여러 개의 판석을 깔아서 만들며, 판석 대신 석회를 써서 마감하기도 한다. 이는 오랜 기간 동안 숙성을 해야 제 맛을 낼 수 있는 장류의 특성에서 기인한 것이다.

장독간에 놓이는 그릇은 크기에 따라 크게 세 종류로 나뉜다. 제일 큰 것은 보통 '장독'이라 하며, 여기에 주로 간장을 담는데, 충청도 지역의 장독은 목 부분이 높고 밖으로 약간 벌려진 형태가 많고,

전체적으로 투박한 형태를 띠고 있다. 경기도 지역의 장독은 배 부분의 지름은 좁으나 키가 크고 구경(口徑)이 넓으며, 밑바닥의 지름도 약간 크다. 이에 비해 '당정마을'을 포함한 경상도 지역의 장독은 허리둘레는 빵빵하니 넓고, 바닥이 좁고, 입구 주둥이가 좁은 것이 특징이다. 장독 보다 조금 작은 것은 '중들이'로 큰독과 모양은 같지만 크기가 작은 것이다. 여기에는 된장이나 고추장, 막장 등을 담고, 가장 작은 '항아리'에는 장아찌나 깨를 담는다.

　장독간은 장독을 올려놓는 용도 외에도 주부들의 기원(祈願) 장소로 자주 사용되었다. 보통 '당정마을 지신밟기' 의례로의 '장독간 풀이'는 정월 대보름의 주요 명절에 성주, 조왕, 용왕, 곳간, 방앗간, 마구간 등 다른 주요 가신(家神)에 이어 행하는 것이 보통이다. 이를 '장독 지신풀이', '장독갓 풀이', '장고방 풀이', '장독굿' 등으로 지칭하였으며, 전라남도와 전라북도 지방에서는 '철륭굿', '철령굿', '철륭 할마이 굿', '뒤꼍각시' 등으로도 지칭한다.

　즉, 장독에서 치는 굿으로 장독을 관장하는 신에게 된장, 고추장, 간장 등 음식 맛을 좋게 해주십사 하고 비는 굿이다. 즉 '장독간 풀이'는 모든 장이 다 맛있게 해달라고 비는 굿으로, 옛 어른들의 말씀에 의하면 "장은 모든 음식의 기본이며, 장맛을 보면 그 집안의 근본을 알 수 있다"고 했는데, 집안의 정화(淨化)와 번성(蕃盛)을 위한 민속 굿의 중요한 요소이다. 이와 별도로 가족 중 오랜 시간 집을 떠나 있는 이가 있거나, 중요한 일을 앞두고 있을 때, 자녀가 생기지 않거나 집안에 좋지 않은 일이 있을 때 등 주부들은 장독 위에 청수를 담은 사발을 올려놓고 가족의 무탈(無頉)과 합격(合格) 등을 마을 단위가 아닌 각 가정별로 개별적으로 기원(祈願)하기도 하였다.

② 사설

눌루차 눌루차 이 장독(장독간, 장꼬방)을 눌루차
곰팡이병도 거다주고 똥파리도 거다주고
왕파리도 막아주고 쇠파리도 막아주고
딘장도 열 닷독 간장도 열 닷독
고치장도 열 닷독 막장도 열 닷독
육십 장독 돌아보니 그 장독에 가득하네[325]
팔도강산에 오신 손님 이 장맛을 보고가소
육십장독 맛을 보니 꿀맛 같기도 하구나
천년 가나 만년 가나 이 장독은 변함없이
눌루차 눌루차 천 년 만 년을 눌루차

325) 아무리 일가친척이 많이 방문하던 종가집이라도, 실제로는 이렇게 많은 장독을 보유한 집은 없었다고 한다.

장독간

- 2010년 소리녹음 -

10. 정낭각시

① 정의(定義)와 개설(槪說)

한국의 전통 가신신앙(家神信仰)[326]에 등장하는 신 중 하나로 화장실(측간(厠間), 변소, 통시)을 관장하는 여신(女神)이다. '측신(厠神)', '측간각시' 등의 이름으로 불리며, 화려하게 차려입은 첩의 모습으로 상징된다. 상징적인 의미에서 가정의 주부이자 정실부인으로 상징되는 조왕신(부엌여신)과는 대립되는 신(神)이다.

제주도에 전해오는 무가인 「문전본풀이」[327]에 따르면, 대문을 관장하는 신인 남선비의 본처(本妻)가 부엌신인 조왕신(竈王神)이고 측신(厠神)은 남선비의 첩이어서 둘의 사이가 좋지 않았다고 한다. 이는 옛 한옥에서 부엌과 화장실이 거리를 두고 있는 것도 본처와 첩의 대립관계는 물론 음식을 만드는 곳과 불결한 화장실과의 대비관계와도 연관(聯關) 지어볼 수 있다.

측신(厠神)은 화려한 옷을 입고, 화장실에 혼자 앉아 자신의 머리카락을 발에 걸어 세고 있다고 한다. 이에 갑자기 사람이 들어와 자기를 놀라게 하면 그 사람에게 머리칼을 뒤집어 씌워 병이 나게 한다고 한다. 이로부터 화장실에 갈 때면, 화장실에 들어가기 전에 반드시 헛기침을 세 번하고 들어가는 풍습(風習)이 생겼으며, 불가(佛

---

326) 집안에 위치하는 신적 존재들에 대한 신앙.
327) 제주도의 무당굿에서 구연되는 문신(門神)의 신화, 또는 그 신화를 노래하고 문신(門神)에게 기원하는 제차(祭次).

家)에서는 입측오주(入厠五呪)³²⁸⁾라 하여 다섯 가지 진언을 외는 행위로 화를 면하기 위한 방책으로 사용하였다. 즉 화장실을 벌컥 열고 들어가는 등의 행동으로 측신(厠間)의 화를 돋우게 되면, 그 사람을 병들어 죽게 하는 해를 끼친다고 한다.

한편, 측신(厠間)은 가신들의 우두머리인 성주신(城主神)의 지시에 따라 형벌을 집행하는 것으로 알려져 있으며, 지역에 따라서 부르는 이름이 달라 경북 지방에선 '변소각시', '정낭각시', '정랑각시', '변소장군', 전남지방에선 '변소각시', '칙간조신', '정낭각시', 제주지방에선 '칙시부인', '칙도부인' 등으로 지칭된다. 성질이 사나워 화를 잘 내기 때문에 한번 노여움을 사게 되면 웬만한 굿을 해도 그 화가 풀어지지 않는다. 이에 '당정마을'에서는 정월 대보름이 되면 화장실 앞에서 측신(厠間)의 노여움을 진정시키고 변비나 설사 등의 병을 예방하고 화장실과 관련된 사건사고와 측신(厠間)의 공포³²⁹⁾에서 해방되기 위하여 지신(地神)을 밟는데, 이는 '뒷간 지신풀이', '통시풀이', '변소풀이', '정낭각시 풀이', '측신(厠間)풀이' 등으로 지칭한다.

이와는 별도로, 각 가정에서 측신(厠間)의 신체(神體)를 모시지

---

328) 入厠五呪 (입측진언(入厠眞言), 세정진언(洗淨眞言), 세수진언(洗手眞言), 거예진언(去穢眞言), 정신진언(淨身眞言)).
329) 집의 외부, 그것도 집에서 멀리 떨어져 있고 발을 잘못 디디면 빠질 수 있는 재래식 화장실은 아이들뿐만 아니라 어른들에게도 밤에는 공포의 대상이 될 수밖에 없었다. 그러한 공포가 측신(厠間)이라는 가신을 만들어 냈는지도 모른다.

않고 뒷간 천장에 헝겊 또는 백지 조각을 붙여두거나 매달아 두기도 하며, 아이들이 신발을 변소에 빠뜨렸거나 사람이 변소에 빠졌을 때 똥 떡330)을 해놓고 메밥과 여러 음식을 장만하여 측신(廁間)에게 빌며, 길일을 택해 밤에 화장실에 불을 밝히고 그 앞에 음식을 차린 다음 측신(廁間) 부적을 붙여놓고 고사를 지내기도 한다. 그런데 측신(廁間)은 늘 변소에 있는 것이 아니고 매월 6일, 16일, 26일과 같이 6자331)가 있는 날에만 나타난다고 하여, 화장실 사용자들의 몸을 만지면 병에 걸리게 만들므로 이날은 화장실 사용을 근신하고 금기하는 풍습도 있었다.

'당정마을 지신밟기'의 '정낭각시' 사설에는 당시로서는 입에 담기 어려운 병들도 거론되었고 더러운 변소라는 이미지 때문에, 조금씩 '정낭각시'를 생략하는 경우도 많아졌다 한다. 이에 채보 당시(2017년 ~ 2018년)에는 많은 가사들이 사라져서 안타까웠다.

② 사설

어허루 지신아 정낭각시를 눌루차
변비병도 거다주고 오줌사태도 막아줘(주고)
어지로움병도 거다주고 절도병332)도 거다줘

---

330) 똥통에 빠졌을 때 질병을 물리치기 위해 양법으로 해 먹이는 떡.
331) 측신(廁間)이 나타난다는 날로서, 아무래도 이 날짜에 화장실을 청소하거나 사용 기간을 정해두도록 하는 과정에서 나온 이야기라는 설이 있다.
332) 화장실에서 어지러워서 넘어지는 병.

설사병도 나사주고³³³⁾ 변비병도 나사주고

에 그 정낭 좋다 어루화산아 지신아

정낭각시

- 2017년 소리녹음 -

어 허 루 지 신 아__ 정 낭 각 시 를 눌 루 차

변 비 병 도 거 다 주 고 오 줌 사 태 도 막 아 줘

어 지 로 움 병 도 거 다 주 고 절 도 병 도__ 거 다 줘

에 그 정 낭 좋__ 다__ 어 루 화 산 아 지 신 아

11. 마당풀이

① 정의(定義)와 개설(槪說)

'당정마을 지신밟기'는 마을의 길목에서 풍물(風物)을 흥겹게 치
며 시작되고, 이후 개인의 집을 각각 찾아가 '대문풀이', '성주풀
이, '살풀이', '조왕풀이', '용왕풀이', '노주빛가리', '바동태', '마

---

333) 낮게 해주고.

대장구', '장독간', '정낭각시' 까지 이어진다. 이렇게 지신밟기가 '정낭각시' 까지 모두 끝이 나면 마당 한가운데로 풍물패와 구경꾼 모두 몰려나와

"조포국334)에 짐335)나고 미역국에 땀나네."
"에 그 술 좋다 월떡 월떡 다 잡수쏘."
"이 술 한잔 다 잡숫고(잡수시고) 유쾌하게 놀압시다."

라고 노래한다. 이에 주인은 마당에 멍석을 깔고 그 집에서 준비한 농주(農酒)336)와 음식을 푸짐하게 내어놓고 이를 나누어 먹는다. 이렇게 모인 사람들은 모두가 담소(談笑)하며 즐긴다. 즉, 주인이 마당에 술상을 차려 놓기 전부터, '마당풀이(마당밟이, 마당놀이)는 시작이 되며, 지역에 따라서는 술을 마시기 전에 치는 풀이라고 해서 '주신(酒神)풀이' 337)라고도 불린다.

'마당풀이' 338)에는 화려하게 꾸민 지신밟기패가 중심이 된 풍물

---

334) 두부국. 조포(造泡)란 '두부를 만들다' 라는 뜻. 조선조(朝鮮朝)에서는 '조포사 (造泡寺)' 와 '조포소(造泡所)' 라는 사찰과 기관이 있었는데, '조포사' 는 왕릉(王 陵)이나 원(園)에 딸려 제향(祭享)에 쓰는 '두부' 를 맡아 만드는 절이었고, '조포 소' 는 관가(官家)에 '두부' 를 만들어 바치던 기관이었다.
335) 김(액체 상태의 물질이 열을 받아서 기체 상태로 변한 것).
336) 농사일을 하는 일꾼들에게 주려고 농가에서 빚은 술을 통틀어 이르는 말. 한국 전 통술의 하나. 탁주, 농주, 제주, 회주, 막걸리라고 한다. 삼국시대 이후 전래된 전 통술로 쌀, 보리, 밀 등을 원료로 누룩을 넣어 발효시킨 후 체로 걸러 내어 만든다.
337) 지역에 따라서는, 집집마다 술맛이 변하지 않을 것 등을 빌기도 하였다.
338) '제 43회 한국민속예술축제(2002년)' 에서 재현을 한 적이 있는데, 이때는 '마당 풀이' 와 '문간풀이' 사이에 '각설이 마당' 과장을 넣어 연행하기도 하였다.

(風物)이 등장하여 마당풀이(놀이)장단, 덧뵈기 장단, 빠른 벅구장
단 등을 선보이며, 춤을 곁들인다. 오락적 성격이 강한 놀이판을 벌
여 기량을 과시하고 웃음을 유발하며, 구경꾼은 이를 즐기는 과정
이 이어진다. '마당풀이' 속에는 굿이 있고 예술이 있고 자유로운
장단의 흐름이 있고 억압되지 않은 건강한 몸짓이 있다. 그리고 무
엇보다도 거기에는 넘치는 신명이 있다. 여기에는 자연과 더불어
삶을 영위하고 '당정마을' 구성원들이 함께 공동체의 안녕(安寧)을
기원하는 우리의 전통적인 삶의 방식이 고스란히 담겨 있다.

② 사설

조포국에 짐나고 미역국에 땀나네
에 그 술 좋다 월떡 월떡 다 잡수쏘
이 술 한잔 다 잡숫고(잡수시고) 유쾌하게 놀압시다

마당풀이

- 2010년 소리녹음 -

12. 문간풀이

① 정의(定義)와 개설(概說)

'문간풀이' 또는 '문간을 나올 때 집을 향해 하는 풀이'라고 말한다. 문간(門間)이라 하면, 대문(또는 중문)과 마당 사이의 작은 공간(空間)을 뜻하며, 대문(大門)은 집과 외부를 구분 짓는 경계점으로 그 사이를 드나드는 유일한 통로이다. 사람을 수호하여 주는 신명(神明)들은 문간을 거치지 않고 하늘로부터 곧장 집안으로 들어올 수 있다. 하지만 사람을 해치는 잡귀나 병마의 역신(疫神)[339]들은 사람들이나 가축 또는 물건에 붙어서 문간(門間)을 통하여 들어온다고 믿었다.

이에 '지신밟기'가 모두 끝이 나면 지신밟기패들은 문간(門間)을 거쳐 대문(大門)을 나가기 전에, 집으로 들어오는 잡귀나 부정을 막는 문간 신(門間 神)에게 마지막 인사를 고하였는데, 이는 그 집을 나서면서 실시하는 마지막 의례(儀禮)인 것이다.

---

339) 민간풍속에서 전염병, 특히 천연두를 전파시킨다고 믿고 있는 신. 천연두는 두신·손님·호귀마마 등으로도 불렸다. 별다른 치료법이 없었고, 병을 고칠 수 있는 사람은 귀신과 교제하는 무당뿐이라고 믿었던 옛날에는 무당에 의한 굿이 천연두에 대한 최선의 방법이었다. 『삼국유사』에 의하면 신라의 처용은 자신의 처를 범한 역신(疫神)을 노래와 춤으로써 쫓았는데 이것이 바로 굿의 기본구조이다.

② 사설

주인 주인 잘 계시쏘 들왔던 손님 나갑니다.

문간풀이

- 2017년 소리녹음 -

주 인   주 인   잘 계__ 시 쏘   들 왔 던 손 님   나 갑 니 다

Ⅲ. 당정마을의 다른 토속민요

1. 징금이 타령

① 정의(定義)와 개설(概說)

'징금이'는 민물에 사는 새우의 다른 말이며 원래의 이름은 징거미 새우[340]이다. 먹성이 좋고 집게발이 몸 보다 3~4배 크며 밤에 주로 활동하는데 성질이 사나워 몸집이 큰 붕어에게도 대든다고 한다.

'징거미 타령'은 '징검이 타령'이라고도 하며, 토속민요이면서 문학적 분류로는 유희요(遊戲謠)에 해당한다. 유희요(遊戲謠)에는 '세시유희요(歲時遊戲謠)'[341], '경기유희요'[342], '언어유희요'[343],

---

340) 영어: Oriental River Prawn 또는 징거미는 징거미 새우 속에 속한 종 중 하나이다. 중국, 일본, 한국, 베트남, 미얀마, 타이완, 이란에 서식한다. 민물에 서식하며, 돌 틈이나 바위틈에서 발견할 수 있는데, '제2 걷는다리'가 집게처럼 발달한 것이 특징이다. 이 집게다리로 영역 싸움을 하고 먹이를 사냥한다.
341) 연중 주기적으로 행해지는 세시행사(歲時行事)에서 불리는 유희요.
342) 놀이에 필요한 기구를 사용하여 승부를 가리는 유희요. '줄다리기노래', '고싸움노래' 등이 있다.
343) 언어 자체가 놀이의 대상이 되는 경우가 언어유희요인데 '꼬리따기 노래'가 대표적이다.

'놀림유희요'344), '자연물 대상 유희요' 345), '가창유희요346)' 등이 있는데, 이 노래는 그 가운데 '가창유희요' 에 해당한다.

대부분의 '징금이 타령' 은 빚 독촉에 더는 견딜 수 없게 된 주체가 몸이라도 일부분씩 떼어 팔아 빚을 갚겠다는 내용을 담고 있다. 즉 빚쟁이에 시달리자 몸의 각 부분을 잘라 팔아서라도 빚을 갚겠다는 비장(悲壯)하면서도 해학(諧謔)적인 내용이다. 이러한 내용은 고된 세상살이의 고통을 매우 해학적인 표현의 가사로 잘 담아내고 있는 것이다.

본 저자가 1995년에 채록하였던 '경산 남천면' 의 '징금이 타령' 의 경우 "내 머리를 베다가 월자전347)에 팔아도 니 돈 석 냥은 주꾸마, 내 대가리 비다가 바가치전348)에 팔아도 니 돈 석 냥은 주꾸마" 라는 가사라든지, 1996년에 채록하였던 '대구 북구 대현동' 의 '징금이 타령' 의 경우 "내 눈썹을 비어다가 붓대전349)에 팔아다가 니 돈 석 냥 갚아주마. 내 눈알을 비어다가 구실전350)에 팔아다가 니 돈 석 냥 갚아주마." 가 그 좋은 예이다.

---

344) '장수 놀리는 소리' , '앞니 빠진 아이 놀리는 소리' , '봉사 놀리는 소리' , '곰보 놀리는 소리' 등이 속한다.
345) 자신이 살아가고 있는 공간과 공간 안에 존재하는 모든 사물이나 동물·자연 현상 등에 대한 인식에서 시작되어, 타자의 공간까지 확대되며 자신과 타자의 차이점이 시적으로 표현되고 노래로 드러난다.
346) 특별한 기능 없이 '노래 부르기' 자체에 목적이 있는 노래를 뜻한다.
347) 머리카락을 파는 가게.
348) 바가지를 파는 가게.
349) 붓을 파는 가게.
350) 구슬을 파는 가게.

이에 비해, '당정마을'의 '징금이 타령'은 다른 지역과는 조금 다른 가사가 눈에 띈다. 즉 징금이의 몸을 떼어다가 빚을 갚아 나가는 가사보다는 다른 동물과 곤충들을 보다 전면에 나열하면서 익살스럽고 우스꽝스러운 말이나 행동을 표현한 해학적인 내용과 과장스런 가사를 많이 차용한 듯하다. 채록 당시 대부분의 사설들이 사라져서 안타깝다.

② 사설

에히 이봐라 징금아 내 돈 석냥 내놔라

에히 이봐라 징금아

개 대가리 당가리³⁵¹⁾ 떨어 파더라도 니 돈 석냥 갚았구마

에히 이봐라 징금아 내 돈 석냥 내놔라

빌어³⁵²⁾ 코띠 피를 파더라도 니 돈 석냥 갚았구마

에히 이봐라 징금아

---

351) 등겨(벗겨 놓은 벼의 껍질)'의 방언(강원, 경북). 송문창 선생의 구술 증언에 의하면, 방앗간의 디딜방아를 찧은 후에 개가 그것을 핥아 먹다가 머리 위에 묻은 부드러운 가루(당가리)를 보고 일컫는다 하였음.
352) 벼룩.

징금이 타령

- 2005년 채보 -

에 히 이 봐 라 징 금 아__ 내 돈 석 냥 내 놔 라

에 히 이 봐 라 징__ 금 아__ 개 대 가 리 당 가 리 떨 어 파 더 라 도

니 돈 석__ 냥 갚 았 구 마 에 히 이 봐 라 징__ 금 아

내 돈 석__ 냥 내 놔 라 빌 어 코 띠 피 를 파 더 라 도__

니 돈 석__ 냥 갚 았 구 마 에 히 이 봐 라 징 금 아

2. 용바람아 대장군아

① 정의(定義)와 개설(槪說)

신이나 정령과 같은 초자연적 존재가 인간 또는 사물에 빙의(憑依)하거나, 제의가 행해질 때 임재(臨在, 임하여 존재함)하는 현상인 강신(降神)놀이의 일종이다. 보통 '방망이점 놀이노래' 라 부르며, '꼭두각시 놀이노래', '꼬댁각시 놀이노래', '춘향이 놀이노

래'등과 유사하다. 주로 부녀자들이 불렀다. 주술(呪術)놀이의 일종으로 삼을 삼다가 도구를 잃어버리거나 하면, 물건이 있는 곳을 점치기 위해 방망이점을 친다. 이때 한 사람이 마치 대나무를 잡듯이 방망이를 잡으면 다른 사람이 주술적인 노래를 하며, 곧 방망이에 신이 내리면, 그 방망이로 잃어버린 도구를 찾았다.

'당정마을'에서는 장난으로 어떤 물건을 숨겨놓고, 그것을 찾는가 보기 위해 점을 치기도 하였으며, 남녀 간에 교제를 하기 위해 이러한 놀이를 하기도 하였다. 놀이 방법은 좌중에 대 잡이[353]를 골라 눈을 가리고 방망이를 잡게 한 다음, 나머지 사람들이 손수건이나 물건 등을 숨겨놓고 방망이에 대가 내릴 때[354]까지 주문과 같은 노래를 반복해서 부른다. 방망이가 떨리기 시작하면 대나무가 내린 것으로 보고 이 방망이로 하여금 숨겨 놓은 손수건이나 물건을 찾게 한다. 이처럼 주로 겨울밤에 여럿이 모여서 하던 것으로 대 잡이로 뽑힌 사람이 방망이를 잡고 무당의 흉내를 내며, 모여 앉은 사람들을 상대로 여러 가지 비밀을 알아맞히며, 노래와 춤 등을 시켜 즐겁게 놀았다.

---

353) '대'라는 것은 대나무를 의미하며, '대 잡이'란 대나무를 잡는 사람을 뜻한다. '성주거리'의 경우 대나무가 아닌 소나무 가지에 흰 백지를 묶어 사용하기도 하였으며, 보통 아이들 놀이에선 방망이를 잡게 하였다.
354) '대가 내린다.'함은 대를 잡은 사람이 '대'의 동작에 대해, 자기 의사가 아니고 '대'가 하는 대로 따르는 상태를 말한다.

② 사설

용바람아[355] 대장군[356]아 기미선생 왔거들랑

이깨[357] 짚고 사모 짚고[358] 서리 설설 내리주소

용바람아 대장군아

- 2014년 채보 -

용 바 람 아 내 싱 군 이 기 미 섭 생 왔 거 들 랑

이 깨 짚 고 사 모 짚 고 서 리 설 설 내 리 주 소

3. 옛날 옛적에 간날 갓적에

① 정의(定義)와 개설(槪說)

예전에는 밤에 잠도 안 오고 심심하면, 할아버지 할머니 방에 놀러가서 옛 이야기를 해달라고 조르던 시절이 있었다. 그러면 그때마다 할아버지 할머니께서는 이야기를 한 자루씩 풀어 들려주곤 하

---

355) 다듬이 방망이를 세워 들고 점을 치는 모습으로, '용바람' 이란 '신을 받는다' 라는 뜻이다. 송문창 선생의 구술 증언에 의하면 지붕 위의 마루란 뜻으로 짚을 엮어서 지붕의 제일 꼭대기에 올리게 되는 '용마루' 라는 의견도 있었다.
356) 방망이(또는 대나무)에 내리는 신(神). 당정마을에선 '기미선생'이라 하기도 한다.
357) 어깨.
358) 앞뒤로 사방을 짚고, 즉 4군데 방향을 짚고.

였다. 옛 이야기의 시작은 주로 '옛날 옛날 아주 오랜 옛날에', '옛날 옛적에 갓날 갓적에', '호랑이 담배 피던 시절에'로 시작하는 경우가 많다. 이처럼 '옛날 옛적에'는 관용구 중 하나로, 어떤 이야기가 시작되는 시점에서 말하는 표현이다. 이는 옛이야기 대부분이 입에서 입으로 전해져 정확한 시대를 알 수 없기 때문이다. 이러한 표현은 각 나라 및 각 언어별로 다 다르지만, 대표적으로 영어는 'Once upon a time(원스 어폰 어 타임)'으로 시작하는 것과 일맥상통하다.

이렇게 입에서 입으로 전해지는 과정에서 옛 이야기에 살이 붙고 내용이 조금씩 조금씩 달라지기도 하고, 옛 이야기를 듣는 사람의 반응을 살피면서 어떻게 하면 좀 더 흥미를 끌 수 있을까 생각한 결과로 내용이 바뀌기도 한다. 또한 이렇게 입에서 입으로 전해지다 보니 지은이도 누군지 모르는 것은 당연하다. 그리고 옛 이야기는 실제로 있었던 일보다 꾸며 낸 이야기가 많기 때문에 신기하고 재미있는 이야기가 많다.

이러한 옛 이야기는 형식담(形式譚)359), 반복담360), 과장담(誇張

---

359) 일정한 형식에 따라서 내용이 전개되는 설화. 단일 모티프로써 이루어지는 것이 대부분이다.
360) 설화의 하위 양식인 형식담(形式譚)의 한 종류. 주인공의 유사한 행동이 여러 차례에 걸쳐 반복 표현된다는 점을 특징으로 지닌다. 따라서 누적적 형식담(形式譚)이라고도 할 수 있다. 무한담(無限譚)의 경우에도 반복적 행동이 나타나나 동일 행동이 무한히 반복된다는 점에서 반복담과는 구별된다.

譚)361), 동물담362), 비유담(parable, 比喩談)363), 단형담(短形譚)364),
치우담(癡愚譚)365), 지략담(智略譚)366), 우행담(偶幸譚)367), 포획담
(捕獲譚)368), 모방담(模倣譚)369), 풍월담(風月譚)370), 기원담(起原
譚)371), 외설담(猥褻譚)372) 등으로 분류될 수 있으며, '당정마을'의
'옛날 옛적에 갓날 갓적에' 는 대부분의 옛 이야기들과는 달리 증명
하고자 하는 것들과는 거리가 먼 민담(民譚)의 특징이 잘 나타나는
과장담(誇張譚) 형식을 띤 민요이다. 즉, 노래는 진짜 같은데 그 이
야기는 거짓말로 가득 차 있다고 보면 될 것이다.

---

361) 일상생활에서 흔히 있을 법한 일을 극도로 과장하여 이야기하는 설화. '거짓말
    이야기' 혹은 '허풍담' 으로도 일컬어진다.
362) 의인화된 동물들에 관한 설화. 동물담 속에 등장하는 동물들은 인간화되어 인간
    처럼 사고하고 행동하고 대화하며, 선과 악, 현(賢)과 우(愚)의 갈등을 일으킨다.
363) 도덕적 · 종교적 진술을 담고 있는 짧은 허구적 이야기. 동물, 무생물은 다루지 않
    는다는 점에서 우화와는 다르지만, 간결함, 평이함을 근본 특성으로 하는 점에서
    는 우화와 비슷하다.
364) 설화 가운데 가장 짧은 이야기로 된 형식담(形式譚). 이야기를 강청(強請)하는 사
    람에 대하여 마지못해 시작하는 체하다가 싱겁게 끝내 버릴 경우 많이 사용된다.
    따라서 이 형식은 내용의 전달보다는 화자(話者)가 처음에는 매우 긴 이야기를
    진지하게 하는 듯하여, 듣는 사람으로 하여금 잔뜩 기대를 가지게 하다가 갑자기
    끝맺는다는 특징을 지녔다.
365) 어리석거나 바보 같은 주인공의 우행(愚行)을 소재로 한 설화.
366) 주인공이 꾀를 내어 남을 속이거나 남에게 속는 것에 대한 이야기.
367) 전통 설화의 한 유형. 우연한 행운으로 성공을 거두게 되는 이야기.
368) 동물을 힘의 대결이 아닌 지략과 행운에 의해 잡아 그 결과로 부자가 되는 이
    야기.
369) 행운을 얻은 사람의 행위를 모방했다가 오히려 화를 입는다는 이야기.
370) 시화(詩話) · 파자시(破字詩) · 육담풍월(肉談風月) 등 언어 · 문자의 유희를 통해
    흥미를 유발하는 이야기.
371) '재채기하는 이유' 등과 같은 속담이나 관용구의 유래담이다.
372) 남녀 간의 난잡하고 부정한 성생활을 소재로 한 이야기. 우스운 이야기(笑譚)에
    속하는 것으로 속칭 음담패설(淫談稗說)이라고 한다. 이는 음담이나 반윤리적인
    패설 따위를 병칭한다.

과장담(誇張譚)이란 소담(笑譚)[373]의 한 종류로 '거짓말 이야기' 혹은 '허풍담'으로도 일컬어진다. 현실 세계에 바탕을 둔 이야기이기는 하되 사실담과 달리 이야기의 내용 자체가 매우 비현실적이며, 교훈성보다는 구연 행위 자체에 흥미가 가는 이야기 형식이다.

'당정마을'의 '옛날 옛적에 갓날 갓적에' 내용을 자세히 살펴보면 전부 필요한 조건이 없다는 것을 알 수가 있다. '머리가 없는 아이는 없고', '뿌리가 없는 나무 또한 없으니' 이러한 얼토당토 않는 말들을 늘어놓음으로써 역설적인 상황을 강조하고 있는 것이 특징이다. 즉, 허언적(虛言的)이며 과장적이다. 이와 같은 성질은 그것이 이야기의 내용보다 이야기를 한다는 행위 자체에 흥미의 초점을 두기 때문에 생긴 것으로 생각된다. 본 저자가 1996년에 '충청북도 음성군 맹동면 인곡리'에서 채록하였던 '새빨간 거짓부렁'이라는 민담(民譚)과도 그 형식이 유사하다.

② 사설

아 옛날 옛적에 갓날 갓적에 넘어가는 서해 같고
돌아오는 반달 청춘 남녀 소연 적에[374]
이 얘기가 도배기[375]를 지고 삼천구만리 넘어가니
해 지는 소리가 찌그덕 쿵덕 것 습니다.

---

373) 웃을 수 있는 이야기, 웃기는 이야기.
374) 젊을 적에.
375) 보따리.

아 대가빠리[376] 없는 아이가 목발이 없는 지게를 지고

등[377] 없는 골[378]로 넘어가니

뿌리 없는 배남케[379] 꼭대기[380] 없는 배를(가) 열어서

인간 없는 설장[381]에 (가서) 첫 마수에 다 팔고

(집이라고 돌아오니 저) 마른 갱군[382]에

밀띠기[383]가 아들로 놓고 칡국을 먹는다고

후룩딱딱 후룩딱딱 것 습니다.

저 마른 거랑[384]에 거짓말이 시 포대가 둥둥 떠니러 오는 거

중신애비 한 포대 소침재이 한 포대 약쟁이 한 포대

(세 사람이 한 포대씩) 노 났습니다.[385]

(오늘 여러 손님들 만나자고 언약[386]하니 했는 것은

사실입니다.)

예 좋은 약이 왔습니다. 자 김천지리[387] 고약이 왔습니다.

(바르면 낫고 안 바르면 안 낫습니다).

---

376) 대가리의 방언.
377) 산등.
378) 골짜기.
379) 배나무.
380) 꼭지.
381) 서울 장.
382) 마른 벌판.
383) 메뚜기.
384) 개천.
385) 나누었습니다.
386) 약속.
387) 고약 명칭.

에 이 약은 무엇을 갖고 제조했는 약이 아니라

자 모개나무 좀똥 고치나무 송정[388]

(나무에 벌레 먹어 놓은 똥) 궁빙이[389] 날라리 뼈[390] 안개 뼈다구

철개[391] 눈꼽쟁이 꺼깨(거시)[392] 등사 담뼈[393](를 제조했는 약입

니다.)

(자 김천지리 고약이 왔습니다.)

바르면 낫고 안 바르면 안 낫습니다.

좋은 약이 왔습니다.

옛날 옛적에 갓날 갓적에

- 2015년~2017년 채보 -

---

388) 송진.
389) 굼벵이.
390) 없다.
391) 잠자리.
392) 지렁이.
393) 등뼈.

해 지 는 소 리 가 찌 그 덕 쿵 덕 것 습 니 다

아 대가 빠 리 없 는 아 이 가 목 발 이 없 는 지 게 를 지 고

등 없 는 골 로 넘 어 가 니 뿌 리 없 는 배 남 케 꼭 대 기 없 는 배 를 열 어 서
(가)

인 간 없 는 설 장 에 첫 마 수 에 다 팔 고 마 른 갱 군 에 밀 띠 기 가

아 들 로 놓 고 칡 국 을 먹 는 다 고 후 룩 딱 딱 것 습 니 다

저 마 른 거 랑 에 거 짓 말 이 시 포 대 가 둥 둥 떠 니 러 오 는 거
(개 천)

중 신 애 비 한 포 대 소 침 재 이 한 포 대 약 쟁 이 한 포 대 노 났 습 니 다

(오늘 여러 손님들 만나자고 언약하니 했는 것은 사실입니다.)

에 좋 은 약 이 왔 습 니 다

김천 지리고 약이 왔습니다

예 이 약은무엇을 제조했는약이아니라

자 모개나무좀똥 고치나무송 정 궁 빙이날라리

삐안개뼈다구 철개 눈꼽쟁이 꺼깨등사담삐(를 제조했는 약입니다.)

바르면 낫 고 안바르면안낫습니다 좋 은 약이왔습니다

4. 돈풀이

① 정의(定義)와 개설(槪說)

돈은 국문 기록이 시작된 이래로 줄곧 '돈'이라고 표기되었고, 어형의 변화가 없었다. 방언에서도 다른 말을 쓰지 않는다. 다만 중부 방언에서는 돈을 '둔'이라고 발음한다. 돈의 어원은 짐작하기 어렵다. 돈은 '돈다'는 동사에서 유래하였고, 한 곳에 머물지 않고 돌아다닌다는 뜻이라고 하기 일쑤이나, 민간 어원이라고 보아 마땅하다. 한자어로는 전(錢)이라고 한다.

『훈몽자회(訓蒙字會)』394)에서부터 이 글자를 '돈 전'이라고 읽었다. '화폐(貨幣)'라는 말도 쓰인 내력이 오래된다. '금'이니 '황금'이니 하는 말도 돈과 같은 뜻으로 쓰인다. 속담에서는 돈의 위력을 강조하여 일컬으면서 못마땅하게 여기는 반응을 나타낸다. '돈이 양반', '돈이 장사', '돈이 제갈량'이라고 하며 돈의 힘이 크다고 한다.

'돈만 있으면 처녀 불알도 산다.', '돈만 있으면 귀신도 부릴 수 있다.', '돈만 있으면 개도 멍첨지라.'고 하는 데서는 돈의 위력을 강조하느라고 불가능한 상상을 하며 돈 때문에 세상이 잘못될 수도 있다는 우려를 은근히 나타낸다. 또한 돈이 없을 때 돈에 대해 말을 많이 한다. '돈 없으면 적막강산이요, 돈 있으면 금수강산이라.'고 한다. 그런데 돈 벌기는 힘들어 '돈 한 푼 쥐면 손에서 땀이 난다.'고 하고, '돈 나는 모퉁이 죽을 모퉁이'라고 한다.

이처럼 '돈풀이'는 사람들이 갖고 싶어 하는 돈을 소재로 한 흥미 위주의 해학적인 내용을 담은 유희요(遊戲謠)이다. 돈과 관련된 민요는 판소리 '흥부가'395)에 나오는 '돈타령'과 상호 영향을 미치며

---

394) 최세진이 1527년에 쓴 한자 학습서이다. 한자 3,360자에 뜻과 음을 훈민정음으로 단 것이 내용이다. 이 책에서 처음으로 한글 낱자에 기역, 니은 등의 이름을 붙였다.
395) 판소리 다섯마당 가운데 하나. '박타령'이라고도 한다. 가난하고 착한 아우 흥보는 부러진 제비다리를 고쳐주고 그 제비가 물고 온 박씨를 심어 박을 타서 보물들이 나와 부자가 되고, 넉넉하고 모진 형 놀보는 제비다리를 부러뜨리고 그 제비가 물고 온 박씨를 심어 박을 타서 괴물들이 나와 망한다는 이야기를 판소리로 엮은 것이다.

형성된 것과 돈을 소재로 한 흥미 위주로 전승된 민요 유형으로 구분된다. 어려운 농촌 생활에서 부족한 돈에 대한 집착을 강하게 표현한 '돈타령'이 전자에 속한다면, '당정마을'에 전승되는 '돈풀이'는 후자에 속하는 민요이다. '돈풀이'는 특히 동음이의어(同音異義語)396)를 이용한 언어유희를 절묘하게 구사하여 청자(聽者)의 흥미를 높이고 있는 것이 특징이다.

'돈풀이'는 돈의 이름과 그에 따르는 가치를 나열하고 있고, 이를 흥미 위주로 풀이하고 있으며, 주로 노래가 불리던 시절의 화폐의 가치를 잘 반영하고 있다. '돈풀이'는 4음보 연속체의 민요로 독창으로 불린다. 후렴은 없으며, 일전, 이전 돈의 액수를 나열하고 동음이의어(同音異義語)를 연결하는 언어유희가 대부분의 가사로 구성되어 있다.

'돈풀이'와 관련이 있는 것으로는 망묵굿397)의 '돈전풀이' 398), 돈으로 점을 치는 '돈점' 399), 일정한 장소에 돈을 던져서 상대방의 돈을 따먹는 '돈치기' 400) 등이 있다.

---

396) 소리는 같으나 뜻이 다른 단어.
397) 함경도 지방의 사령(死靈)굿. 죽은 사람의 넋을 천도하는 굿이다. '망묵이굿', 또는 '망령굿'이라고도 한다. 밤낮으로 일주일 동안 행하는 대규모의 의례이다. 굿은 주로 대청마루에 굿상을 차리고 하지만 마당에 나가서 행하는 의례도 있다.
398) 망자가 저승 가는 길에 돈을 써서 고비를 넘기는 것을 서술하고 전신(錢神)의 내력담을 창한다. 온갖 역경을 이겨내고 남편과 해후한 궁상선비와 명월각시가 후에 돈이 얼마든지 나오는 망태기를 얻었다는 내용이다.
399) 한자어로 '척전(擲錢)'이라고도 한다. 돈을 던져서 드러나는 겉과 안에 따라 길흉을 판단하는 점.
400) 정월 보름날의 세시풍습으로 어른과 아이들이 함께 즐기는 놀이의 하나. 정초에 세뱃돈을 받아 모처럼 주머니가 두둑해지면 이것을 즐긴다. "아이들은 사금파리를 돈으로 삼아 던지기도 한다."는 『동국세시기(東國歲時記)』의 기록으로 보아 조선 후기에도 성행했음을 알 수 있다.

② 사설

일전이라 하는 것은 어제 아래[401]가 일전이요

이전이라 하는 것은 금년[402] 근년[403]이 이전이라

삼전이라 하는 것은 보신탕 모티[404]가 삼전이요[405]

사전이라 하는 것은 옹기전[406] 모티가 사전이라[407]

오전이라 하는 것은 점슴참이 오전이요[408]

육전이라 하는 것은 백정집 모티가 육전이라[409]

칠전이라 하는 것은 부랑자 모티가 칠전이요[410]

팔전이라 하는 것은 큰 장터 복판이 팔전이요[411]

구전이라 하는 것은 소정가[412] 모티가 구전이요[413]

십전이라 하는 것은 일전짜리 열 닢이 십전이라

십전 이십전 삼십전하니 사십전 미만이 삼십전이라

---

401) 그저께의 경상도 방언.
402) 수年. 지금 살고 있는 이 해.
403) 近年. 지나간 지 얼마 안 되는 가까운 해.
404) 모퉁이를 뜻하는 경상도 방언.
405) 보신탕으로 몸을 보하니 몸을 보한다는 3(삼전)의 뜻을 지님.
406) 甕器廛. 옹기를 파는 가게.
407) 옹기를 사라고 해서 4(사전)의 뜻을 지님.
408) 점슴참 먹기 전은 아직 5(오전)의 뜻을 지님.
409) 백정집에서 고기를 다루니 6(육肉전)의 뜻을 지님.
410) 부랑자가 치고 박고 싸운다고 해서 7(칠전)의 뜻을 지님.
411) 큰 장터에선 팔아야 하니 8(팔전)의 뜻을 지님.
412) 소구전. 소를 파는 가게를 뜻함.
413) 소를 파는 소정가가 소구전이고 9(구전)의 뜻을 지님.

돈타령

- 2015년 채보 -

일 전 이 라 하 는 것 은__ 어 제 아 래 가 일 전 이 요

이 전 이 라 하 는 것 은 금 년 근 년 이 이 전 이 라

삼 전 이 라 하 는__ 것 은__ 보 신 탕 모 티 가 삼 전 이 요

사 전 이 라 하 는 것 은 옹 기 전__ 모 티 가 사 전 이 라

오 전 이 라 하 는__ 것 은 점 슴 참 이 오 전 이 요

육 전 이 라 하 는 것 은 백 정 집 모 티 가 육 전 이 라

칠 전 이 라 하 는___ 것 은___ 부 랑 자 모 티 가 칠 전 이 요

팔 전 이 라 하 는 것 은 큰 장 터 복 판 이 팔 전 이 요

구 전 이 라 하 는___ 것 은___ 소 정 가 모 티 가 구 전 이 요

십 전 이 라 하 는 것 은 일 전 짜 리 열 닢 이 십 전 이 라

십 전 이 십 전 삼 십 전 하 니___ 사 십 전 미 만 이___ 삼 십 전 이 라

당정마을
지신밟기에 나오는 신들

지신(地神)

- 땅을 맡아 다스린다는 신. 대지에 깃든 힘이나 신성(神性)이 의인
  화된 신으로 '천신(天神, 하늘신)'과 짝을 이룬다.

당산신(堂山神)

- 자연 마을을 외부의 재액(災厄)으로부터 지켜 주며, 풍요를 보장
  해 주는 마을의 수호신이다. '당산신(堂山神)'은 마을의 공동 제
  의인 당제(堂祭, 堂山祭)의 중심 신으로, 보통 당나무(堂木)에 신
  (神)이 내려온다고 믿었다. '산신(山神)'과는 다르다.

터주신(터主神)

- '토지신', '터주대감' 등으로 불리며, 한 가정의 땅을 관장하는
  신(神)이다. '터주신'에게는 명절이나 안택(安宅)[1] 등을 할 때
  따로 상을 차려 위한다. 함부로 땅을 파헤치거나 하면 "동티가

---

[1] 집안신을 모시는 축원굿의 일종.

난다."고 하는데 이는 동토(動土)로서 터주가 노하는 것으로 믿었다.

성주신(城主神, 星主神, 成造神, 성주대감)

- 가신(家神)의 하나로 성(城)의 주인이라는 의미에서 성주(城主)라 하는데 집을 성조(成造)한다고 하여 '성조신(成造神)'이라고도 부른다. 집에 깃들어, 집안을 지키는 가신(家神, 집지킴이) 중 가장 우두머리 신이다. 집의 대들보에 산다고 믿었으며, 집안의 가장을 수호하는 신이다. 그러나 청(請)하여 맞아들이지 않으면 오지 않는 신이다.

액막이 신

- 가정이나 개인에게 닥칠 액(厄)을 미리 막아 주는 신이다. '지장신'이라 하기도 하며, 본디 마음씨가 착한 까닭에, 지성으로 빌면 병도 없애 주고 집안에 드는 액(厄)도 막아 준다고 하여 옛날부터 '액막이 신'으로 받들어졌다.

조왕신(竈王神)

- 불의 신, 화신(火神)으로서 부엌을 관장하는 신이며 부엌의 길흉화복(吉凶禍福)[2]을 맡아보는 가신(家神)이다. '조왕대감(竈王大監)', '조왕대신(竈王大神)', '조왕신(竈王神)', '조왕할머니', '부뚜막

---

2) 좋은 일과 나쁜 일, 행복한 일과 불행한 일을 아울러 이르는 말.

신', '조왕각시', '정지조앙', '지앙', '조왕새', '조앙각시' 등의 이름으로도 불리는 신이다. 본질이 화신(火神)이기 때문에 부엌에서 존재하게 되었으며, 먼 옛날부터 부녀자들과 깊은 관계가 있다고 여겨지는 부엌을 관리한다는 신(神)이다. 사찰에서는 조왕각(竈王閣)을 따로 지어 탱화(幀畵, thang-ka)를 안치하여 모시거나 부엌에 탱화를 걸어 놓고 있다.

우물신

- 집 안마당 가운데의 우물에는 우물물을 항시 맑고 깨끗하게 하여야 한다고 믿었는데, '우물신'에 대한 믿음은 집안 식구들의 건강과 수명장수(壽命長壽)[3]를 기원하며, 더 나아가 수해(水害)나 가뭄(旱魃)을 입지 않고자 하는 바람을 기원하였다.

곳간신(업신)

- 집안에 재복(財福)을 주는 일을 맡은 가택신으로, '업신(業神)'은 식량이나 물건 따위를 간직해 보관하는 곳인, 광이나 곳간과 같이 재물을 보관하는 곳에 존재한다고 믿는 신(神)이다. '업신(業神)'은 한 가정의 재물이 증가하고 감소하는 것을 좌우하는 신으로, '곳간신', '업양(業樣)', '업왕(業王)', '업장군', '찌낌이' 등으로도 불린다.

---

3) 수명이 길어 오래도록 삶.

방앗간신

- 곡식을 탈곡하는 방앗간에 있는 신(神)으로 '방아지신' 이라고도
한다. 방앗간은 식량을 다루는 주요한 장소였기에 신성시했다.
'방앗간 신' 을 통하여 풍부한 식량의 지속적 공급을 기원하였다.

우마신(牛馬神)

- 소와 말을 키우는 마구간(외양간)을 지키는 신(神)으로, 이를 '마
대장군', '외양간신', '마구간신', '축사신(畜舍神)' 등으로도 부
른다. 소와 말이 탈이 없도록 건강을 지켜줄 뿐만 아니라 번식까
지 돌봐 주어 가세가 늘어나도록 도와주는 신이다. '우마신(牛馬
神)' 역시 다른 가신(家神)들이 자신들의 일정한 공간을 관장하는
것처럼 외양간을 관장한다.

철륭(장독신)

- '철륭' 의 자리는 대체로 장독대가 있는 곳이므로 '장독신' 으로
알려져 있으며, 장독대에서 장맛을 내게 해주는 신(神)이다. 이처
럼 '철륭' 을 장독을 관장하는 신으로 보는 것이 보편적이지만
'철륭' 의 신격은 다양하여, '장독신' 이외에도 '터주신', '산신
(山神)' 등으로 나타나기도 한다.

측신(廁間)

- 한국의 전통 가신신앙(家神信仰)[4)]에 등장하는 신 중 하나로 화장

---

4) 집안에 위치하는 신적 존재들에 대한 신앙.

실(측간(厠間), 변소, 통시)을 관장하는 여신(女神)이다. '측간각시', '변소각시', '변소장군', '정낭각시', '정랑각시', '칙간조신', '칙시부인', '칙도부인' 등의 이름으로 불리며, 화려하게 차려입은 첩의 모습으로 상징된다. 상징적인 의미에서 가정의 주부이자 정실부인으로 상징되는 '조왕신(부엌여신)'과는 대립되는 신(神)이다. 일반 가정에서는 '측신(厠間)'을 두려움의 대상으로 여기고 있는데 그것은 악취가 나는 곳에 있으므로 신경질적이며 사납다고 생각하기 때문이다.

문신(門神)

- 문을 지켜주는 가신(家神)으로 '수문장신(守門壯神)'이라고도 한다. 전통 가옥에서는 울타리가 집을 둘러싸고 있어서 집으로 들어갈 수 있는 정상적인 통로는 대문을 열고 들어가는 길이다. 대문을 걸어 잠그면 집 안으로 들어갈 수 있는 길은 모두가 비정상적인 방법이다. 대문은 걸어 잠그면 폐쇄적 빗장걸기가 되지만, 열어 놓으면 개방적이고 만복(萬福)을 받아들일 수 있는 열린 소통의 통로가 된다. 그만큼 집에서 대문(大門)이 차지하는 비중이 크다. 대문(大門)은 안과 밖의 경계이기도 하여 각종 정화 의식도 대문에서 열린다.

역신(疫神)

- 사람들이나 가축 또는 물건에 붙어서 문간(門間)을 통하여 들어온다고 믿었다. 민간풍속에서 전염병, 특히 천연두를 전파시키는

신(神)이다. 『삼국유사』에 의하면 신라의 처용은 자신의 처를 범한 '역신(疫神)'을 노래와 춤으로써 쫓았다는 이야기가 나온다.

잡신(雜神)

- 온갖 잡스러운 귀신을 뜻하는데, 잡귀(雜鬼)는 집안을 맡은 가신(家神)이나 마을을 맡은 동신(洞神)과는 달리 정처 없이 떠도는 외계신(外界神)에 속하며, 신들의 서열상 최하위에 속한다. 잡귀는 대개 보통 때는 사람들에게 천대를 당하며 꺼리는 대상이 되지만, 사람들이 그들의 힘을 필요로 할 때에는 잠시 대접을 받는데 그럴 때는 '잡신(雜神)'으로 받들어진다.

걸립신(乞粒神)

- 무속(巫俗)의 하위신의 하나로, 주로 주신(主神)에 붙어 다닌다. 모시는 위치는 집안 대청의 처마 밑이나 입구 한구석에 깨끗한 실이나 낡은 형겊, 또는 헌 짚신 등을 묶은 것을 매달아놓거나 선반에 모셔놓고 신체(神體)로 삼아 위한다. 일반적으로 '걸립'이라 하면 경비를 마련하기 위하여 집집마다 돌아다니면서 곡식과 돈을 동냥하는 것을 가리키는데, 이 신(神)도 역시 거의 걸식하는 것이나 다름없는 저급한 신령(神靈)이어서 이러한 '걸립'이 신(神) 관념을 형성하게 된 것으로 보기도 한다.

• 『경기도 도당굿 무가의 현지 연구』(김헌선, 집문당, 1995)

• 『경기도 세시풍속』(국립문화재연구소, 2001)

• 『경기도의 마을신앙과 제당』(김지욱 외, 전국문화원연합회 · 경기도지회, 2002)

• 『경상북도 세시풍속』(국립문화재연구소, 2002)

• 『경상북도의 세시풍속과 민속 문화』(영남문화연구원, 2006)

• 『경 · 서토리 음구조 유형에 관한 연구』(이보형, 문화재관리국, 1992)

• 『고구려 고분벽화의 기원에 대한 연구』(김원룡, 진단학보 21, 1960)

• 『공산농요 · 공산만가 음반』(공산농요보존회, 비매품, 2012)

• 『광주 전남의 민속 연구』(나경수, 민속원, 1998)

• 『구비문학개설』(장덕순 외, 일조각, 1990)

• 『국악개론』(장사훈 · 한만영, 서울대학교 출판사, 1976)

• 권태룡의 장단 채록(권태룡, '송문창 선생 장단 녹음', 2002, 2011~2018)

• 권태룡의 음원 채록(권태룡, '송문창 선생 당정마을 지신밟기 녹음', 1994~1995, 2002, 2010~2018)

• 권태룡의 음원 채록(권태룡, '송문창 선생 당정마을 토속민요

녹음', 2005, 2014~2017)

- 권태룡의 인터뷰(권태룡, '송문창 선생 구술 증언',

  2002, 2011~2018)

- 『근대화와 동제의 변화-부천 먼 마루 우물고사를 중심으로』

  (강정원, 한국문화인류학회, 2002)

- 『금릉 민속지』(금릉군 · 영남대학교 민족문화연구소, 1991)

- 『남사당패연구』(男寺黨牌硏究)(심우성, 동화출판공사, 1980)

- 『내서 면지』(내서 면지 편찬 위원회, 1996)

- 『논산시지』(논산시지편찬위원회, 2005)

- 『대구 북구지역의 토속민요』(권태룡, 대구광역시 문화원연합회. 2017)

- 『마을민속 조사연구방법』(임재해, 민속원, 2007)

- 『마을신앙의 사회사』(이필영, 웅진, 1994)

- 『무가』(서대석, 한국민속대관 6, 고려대학교민족문화연구소, 1982)

- 『무가문학의 세계』(서대석, 집문당, 2011)

- 『무령왕릉발굴조사보고서』(문화재관리국, 1973)

- 『민간신앙의 실체와 전승』(김종대, 민속원, 1998)

- 『민간신앙 · 종교-한국민속대관 3』(고려대학교 민족문화연구소, 1982)

- 『민초들의 지킴이 신앙』(김형주, 민속원, 2002)

- 『부산 민요 집성』(김승찬 · 박경수 · 황경숙, 세종출판사, 2002)

- 『부산의 당제』(부산광역시사편찬위원회, 2005)

- 『부산의 문화재』(부산시, 1977)

- 『북천면지』(북천면지편찬위원회, 2004)

- 『살풀이와 도살풀이와 동살풀이』(이보형, 민족음악 2,
  서울대학교동양음악연구소, 1978)

- 『삼국사기 권23 백제본기』(김부식, 유페이퍼, 2013)

- 『서울 새남굿 신가집』(서울 새남굿 보존회 편, 문덕사, 1996)

- 『서울 이태원 부군당굿』(양종승, 민속원 2007)

- 『석문의범(釋門儀範)』(안진호, 만상회, 1931)

- 『성조무가의 연구』(나경수, 어문논총 7 · 8, 1985)

- 『성주무가』(홍태한, 한국민속문학사전, 국립민속박물관, 2013)

- 『성주』(임근혜, 한국민속신앙사전-가정신앙, 국립민속박물관, 2011)

- 『성주풀이 민요의 형성과 전개』
  (최은숙, 한국민요학 9, 한국민요학회, 2001)

- 『성주풀이의 서사민요(敍事民謠)적 성격』(최자운, 한국민요학 14,

한국민요학회, 2004)

- 『세시 풍속-충청남도 편』(국립 문화재 연구소, 2002)

- 『속담사전』(이기문, 민중서관, 1964)

- 『신편 한국건축사전』(장기인, 보성각, 1998)

- 『씻김굿』(이경엽, 민속원, 2005)

- 『안동문화와 성주신앙』(임재해, 안동시, 2002)

- 『안성굿의 성주신』(임근혜, 한국의 가정신앙, 민속원, 2005)

- 『안성무가』(서대석 · 박경신, 집문당, 1990)

- 『어사용의 음조직 연구』(김영운, 한국민요학 6, 한국민요학회, 1999)

- 『영동지방의 가신설화와 주술가고』(김선풍, 관동어문학 창간호, 1978)

- 『영암군의 문화 유적』(국립 목포 대학교 박물관, 전라남도 · 영암군, 1986)

- 『요로원야화기(要路院夜話記)』(이병기 선해, 을유문화사, 1949)

- 『우리 세시 풍속의 노래』(유만공 저, 임기중 역주, 집문당, 1993)

- 『우물의 공간적 성격과 상징성 연구』(권태효, 국립민속박물관 학예연구사 254, 민족문화연구 제56호)

- 『우물의 상징적 의미와 사회적 기능, 비교민속학 23집』(구미래, 비교민속학회, 2002. 8)

- 『이조한문단편집』(이우성·임형택 역편, 일조각, 1973~1978)
- 『장독과 중들이와 항아리』(의약뉴스-http://www.newsmp.com 2017. 08. 21)
- 『전남의 마을 신앙』(나경수, 민속학자 발표집, 2007)
- 『제주도무속연구』(현용준, 집문당, 1986)
- 『조선동요선』(김소운, 巖波書店, 1938)
- 『조선무속고』(이능화 저, 이재곤 옮김, 동문선, 1991)
- 『조선무속의 연구』(赤松智城·秋葉隆 저, 심우성 역, 동문선, 1991)
- 『조선민족설화의 연구』(손진태, 을유문화사, 1947)
- 『조선신가유편』(손진태 편, 동경: 향토연구사, 1930)
- 『진천의 민속』(서원대학교 호서문화연구소, 1997)
- 『천안의 민속』(하주성 편저, 천안 문화원, 1991)
- 『태백산맥 이동지방의 민요선법 연구』(한만영. 1973. 예술원논문집, 대한민국예술원영남민요)
- 『팔공산 메나리 공산농요와 서촌상여』(권태룡, 학이사, 2017)
- 『한국경제사상사』(김병하, 일조각, 1977)
- 『한국구비문학 - 경북 고령군』(김광순, 도서출판 박이정, 2006)

- 『한국구비문학대계 7-2』(한국정신문화연구원, 1980년)
- 『한국구비문학대계 7-15, 구미시·선산군편』(한국정신문화연구원, 1987)
- 『한국 마을굿 연구』(김월덕, 지식산업사, 2006)
- 『한국무속연구(韓國巫俗研究)』(김태곤, 집문당, 1981)
- 『한국문학과 돈』(황패강 외, 문학과 비평 1987년 겨울호 특집, 탑출판사, 1987)
- 『한국문학통사 1~5』(조동일, 지식산업사, 1982~1988)
- 『한국민간신앙 연구』(김태곤, 집문당, 1983)
- 『한국민간신앙의 연구』(최길성, 계명대학교 출판부, 1989)
- 『한국민담선』(한상수, 정음사, 1974)
- 『한국민속과 문학연구』(김열규,한국민속학개론(박계홍, 형설출판사, 1983)
- 『한국민속논고(韓國民俗論攷)』(장주근, 계몽사, 1986)
- 『한국민속대관(韓國民俗大觀) 2』(고려대학교민족문화연구소, 1980)
- 『한국민속대관(韓國民俗大觀) 3』(고려대학교 민족문화연구소, 1982)
- 『한국민속문화대사전』(김용덕, 도서출판 창솔, 2004)
- 『한국민속문화론』(임동권, 집문당, 1983)
- 『한국민속신앙사전-충청남도』(국립 민속 박물관, 2011)

- 『한국민속의 세계 5』(고려대학교 민족문화연구원, 2001)

  일조각, 1975)
- 『한국민속종합조사보고서-전북편(全北篇)』-(문화재관리국, 1970)
- 『한국민속종합조사보고서-제주편 · 강원편』

  (문화재관리국, 1974.1977)
- 『한국민속종합조사보고서 13-농악 · 풍어제 · 민요편』

  (문화재관리국문화재연구소, 1982)
- 『한국민속학개론』(박계홍, 형설출판사, 1983)
- 『한국민요대전-경상북도 민요 해설집』(문화방송, 1995)
- 『한국민요 선법의 특징』(김영운, 한국음악연구 28.

  한국국악학회, 2000)
- 『한국민요의 유형과 성격』(박경수, 국학자료원, 1998)
- 『한국민요집1』(임동권, 집문당, 1961)
- 『한국민족문화대백과사전』(한국정신문화연구원, 1991)
- 『한국복식사론』(이경자, 일지사, 1983)
- 『한국복식의 역사』(이은창, 교양국사총서 29, 1978)
- 『한국복식사연구』(김동욱, 아세아문화사, 1973)

- 『한국복식사연구』(류희경, 이화여자대학교출판부, 1980)
- 『한국설화(韓國說話)의 유형적연구(類型的研究)』

  (조희웅, 한국연구원, 1983)
- 『한국세시풍속사전-정월편』(국립민속박물관, 2004)
- 『한국신화(韓國神話)와 무속연구(巫俗研究)』(김열규, 일조각, 1977)
- 『한국악기대관』(장사훈, 한국국악학회, 1976)
- 『한국역사 민속학 강의』(한국역사민속학회, 민속원, 2010)
- 『한국의 가정 신앙-충청남도 편』(국립 문화재 연구소, 2006)
- 『한국의 무(巫)』(조흥윤, 정음사, 1983)
- 『한국의 민속 문학과 전통문화』(김승찬 외, 삼영사, 2002)
- 『한국의 민속예술 1』(한국문화예술진흥원, 1978)
- 『한국의 살림집』(신영훈, 열화당, 1983)
- 『한국의 샤머니즘』(조흥윤, 서울대학교출판부, 1999)
- 『한국의 신당 형태고』(장주근, 한국민속논고, 계몽사, 1986)
- 『한국의 집지킴이』(김광언, 다락방, 2000)
- 『한국의 풍수사상』(최창조, 민음사, 1984)
- 『한국의 향토신앙』(장주근, 을유문화사, 1975)

- 『한국조각사』(문명대, 열화당, 1980)

- 『한국주택건축』(주남철, 일지사, 1980)

- 『현장에서 조사한 구비 전승 민요-부산편』(류종목, 민속원, 2010)

- 『2004 문화 관광부 선정 도봉산 서원 마을 조사 보고서』

  (도봉 문화원, 2004)